V. 371/9.

RECUEIL VARIÉ

De Plans et de Façades,

MOTIFS POUR DES MAISONS DE VILLE ET DE CAMPAGNE, DES MONUMENS
ET DES ÉTABLISSEMENS PUBLICS ET PARTICULIERS.

Les Plans, composés & ajustés à nos usages & à ceux d'une partie de l'Europe, sont diversement combinés, comme pour Façades décorées de croisées, arcades ou colonnes, de pilastres, de contreforts, de combles variés & motivés, de loges, de belvédères, de porches, jeux des eaux, & de vignes à l'italienne.

Ces Plans sont au nombre de 153, format in-folio.

LES FAÇADES, DONT QUELQUES-UNES SE VOIENT EN ITALIE, SONT ICI SIMPLIFIÉES DANS LEURS DÉTAILS.

Chaque Combinaison est précédée d'un Frontispice composé de fragmens antiques ou modernes, relatifs à l'embellissement tant extérieur qu'intérieur, et de deux Planches de détails particuliers, pour mettre en proportion les croisées, les portes, les arcades, les colonnes ou pilastres & leur entablement;

PAR CHARLES NORMAND,
ARCHITECTE, ANCIEN PENSIONNAIRE A L'ACADÉMIE DE FRANCE A ROME,
AUTEUR DU NOUVEAU PARALLÈLE DES ORDRES D'ARCHITECTURE GRECS, ROMAINS AVEC LES AUTEURS MODERNES, ET DU VIGNOLE DES OUVRIERS.

A PARIS,
CHEZ L'AUTEUR, RUE DES NOYERS, N° 31.

Et chez { CARILIAN-GOEURY, quai des Augustins, n° 41 ;
BANCE aîné, rue Saint-Denis, n° 215 ;
REY et GRAVIER, quai des Augustins, n° 55.

1823.

DE L'IMPRIMERIE DE FILLET AÎNÉ, RUE CHRISTINE.

MOTIF DE L'OUVRAGE.

La régularité et la simplicité devant être en dehors la marque distinctive des habitations, j'en ai conçu l'idée de reproduire un grand nombre de façades déjà connues, et dont quelques-unes des motifs, simplifiés, sont épars sur plusieurs points de l'Europe. La distribution intérieure, pour ces mêmes façades, qui est restée ou négligée ou jugée peu importante, mais qu'on a paru désirer, m'a fait entreprendre cet ouvrage, où, les ayant rassemblées, j'ai placé sous chacune d'elles des intentions de plans variés et motivés, suivant le genre et les divers aspects, ou simples ou composés, qu'elles semblaient représenter à l'œil, ayant toujours eu soin de les rapporter à nos goûts, à nos usages, et à l'utilité tant publique que particulière, et comme le plus difficile et le plus nécessaire pour parvenir à rendre les plans réguliers dans tous leurs points, et d'où résulte la disposition première, j'ai cru devoir m'attacher principalement à projeter des plans de rez-de-chaussée, les unissant quelquefois par moitié au premier étage dans divers établissemens; et quelquefois aussi des plans de premiers étages seuls, suivant, je le répète, que paraissaient se présenter les façades qui en étaient les motifs. C'est ainsi qu'à *la planche* N°. 10, cotée 3, en y voit le rez-de-chaussée et le premier étage d'un Hospice; *planche* 13, cotée 3, un Dépôt ou Caserne; *planche* 14, deux Plans faits de la même manière, et *planche* 26, des Plans de premier étage, motivés sur ce que les façades paraissent assises sur un mur de terrasse, ce qui se trouve souvent ainsi conçu dans le cours de l'ouvrage, et notamment sur la *planche* 46 et les suivantes.

La netteté et la précision avec laquelle j'ai tâché de graver ces plans, fait qu'ils peuvent être doublés, quadruplés même, observant toutefois de les mesurer intérieurement, sans changer en rien leur disposition, tout constructeur sachant que l'épaisseur d'un mur de face ne varie que de 18 à 30 pouces, suivant l'importance ou la grandeur du bâtiment.

Pour les façades, comme leur dimension en gravure ne doit servir que pour la masse et l'intention, en se rapportant aux *planches de détails*, N°^{s}. 52 et 53, elles offriront la réunion de tous les moyens qui peuvent être employés pour parvenir au but que je me suis proposé, et suffiront, je crois, pour satisfaire même l'homme le moins exercé dans l'art de l'architecture.

J'ai cru devoir adopter, pour l'intérêt de l'ouvrage, sa division par combinaison, tant pour faciliter l'étude des façades comparées aux plans, que pour en déterminer l'intention; et quoique plusieurs d'entre elles semblent souvent participer et des unes et des autres, le goût seul doit en réunir toutes les parties et les mettre en harmonie, et ces exemples, pour n'être pas toujours déterminés par la combinaison même, ont dû nécessairement s'y rencontrer pour en démontrer la possibilité.

Je dois peut-être aussi, pour prévenir le reproche qu'on pourrait faire de l'économie des corniches au-dessus des colonnes ou des pilastres, dont, suivant le goût, plusieurs façades seraient susceptibles, je dois dire que la proportion en est toujours gardée dans la hauteur qui se trouve depuis le dessus du chapiteau jusqu'au dessous de la corniche qui couronne l'espèce de frise entre elles et l'architrave, et qu'on pourrait aisément ajouter, dans cet espace, les moulures qu'on croirait devoir mieux y réussir.

Le Frontispice qui précède chacune des dix combinaisons présente des détails intéressans et souvent applicables à la décoration des façades qu'on jugerait susceptibles de quelques recherches.

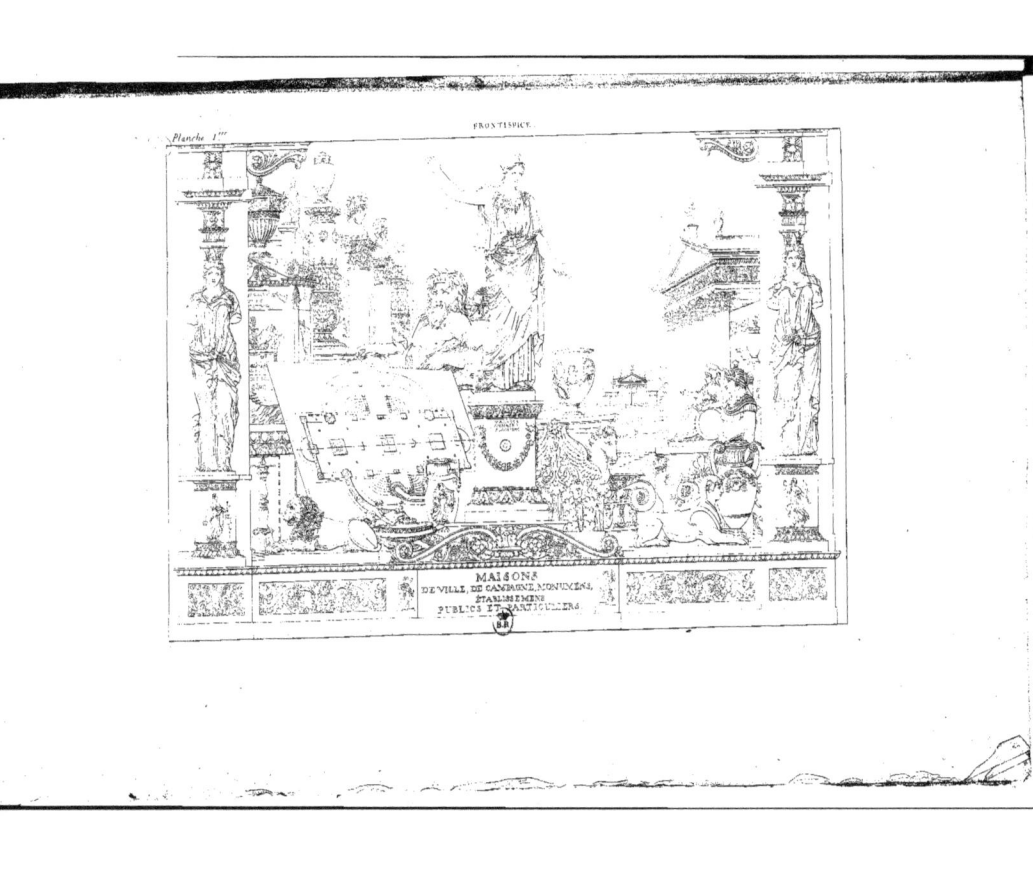

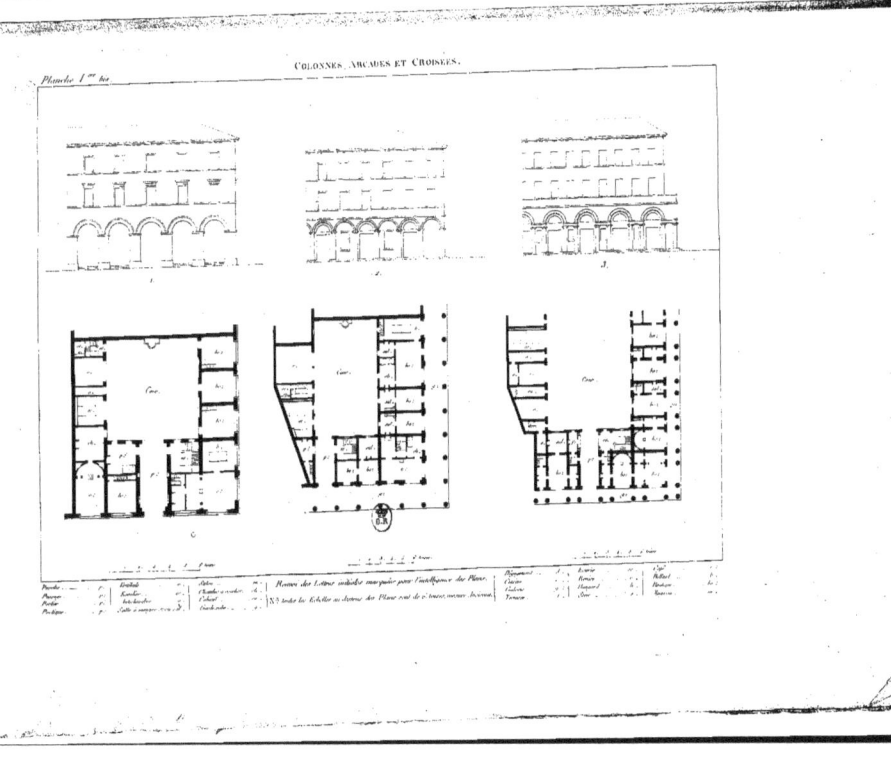

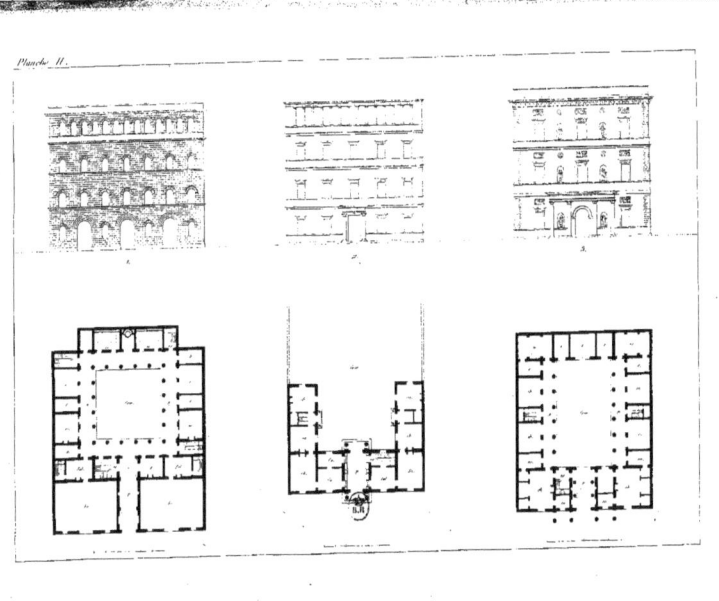

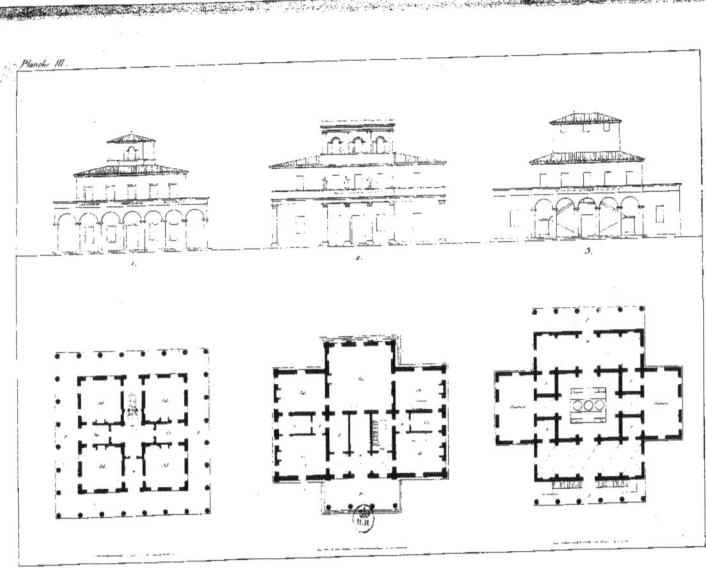

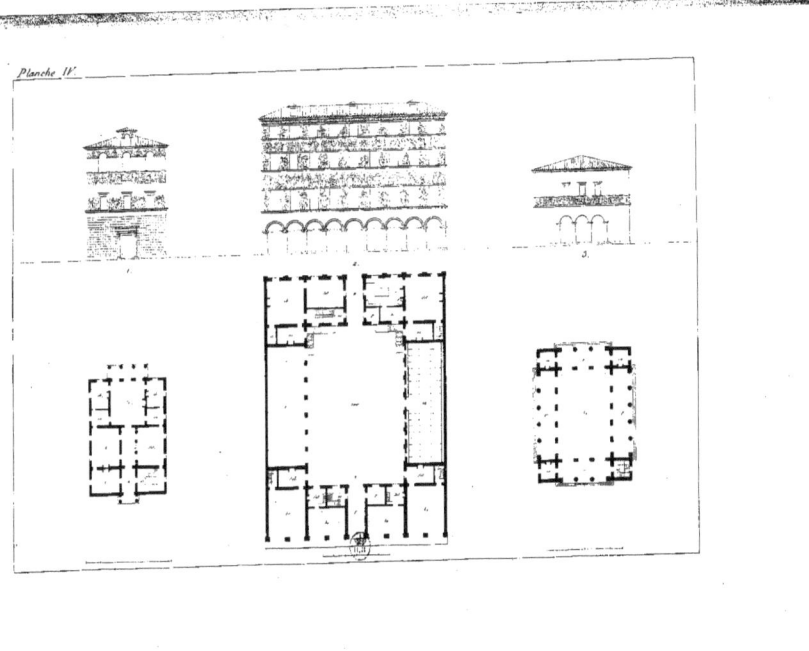

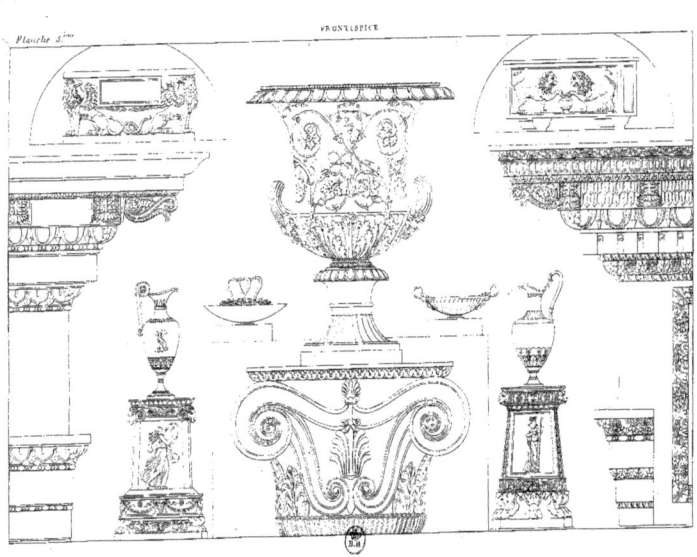

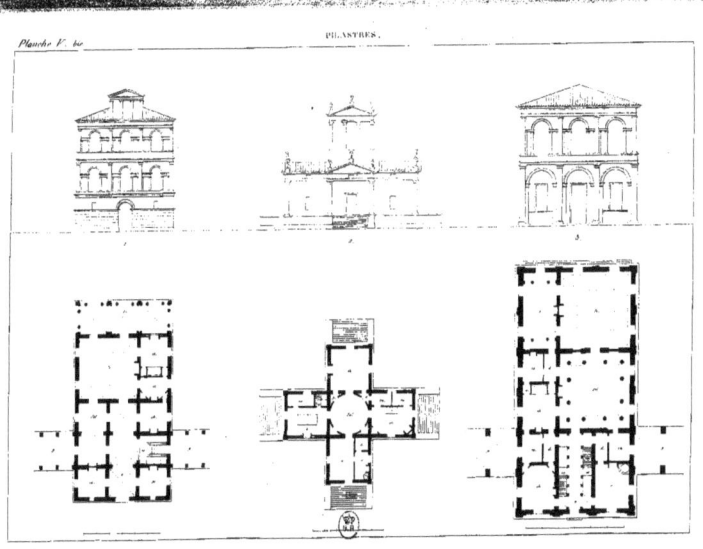

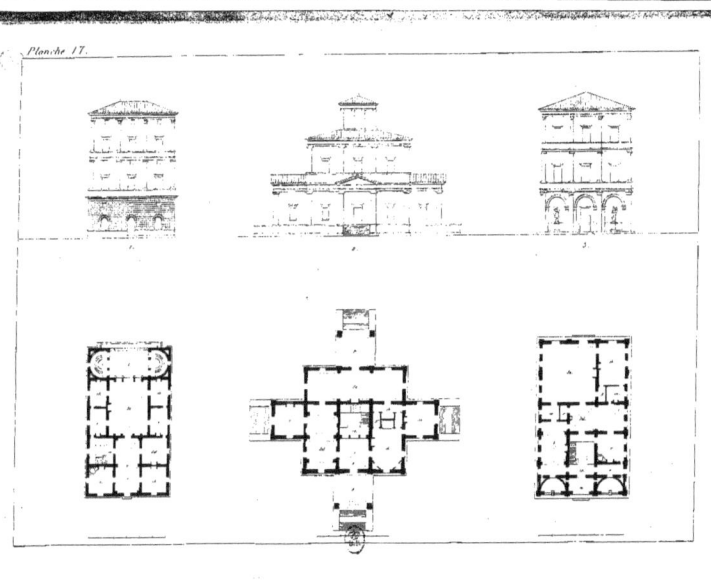

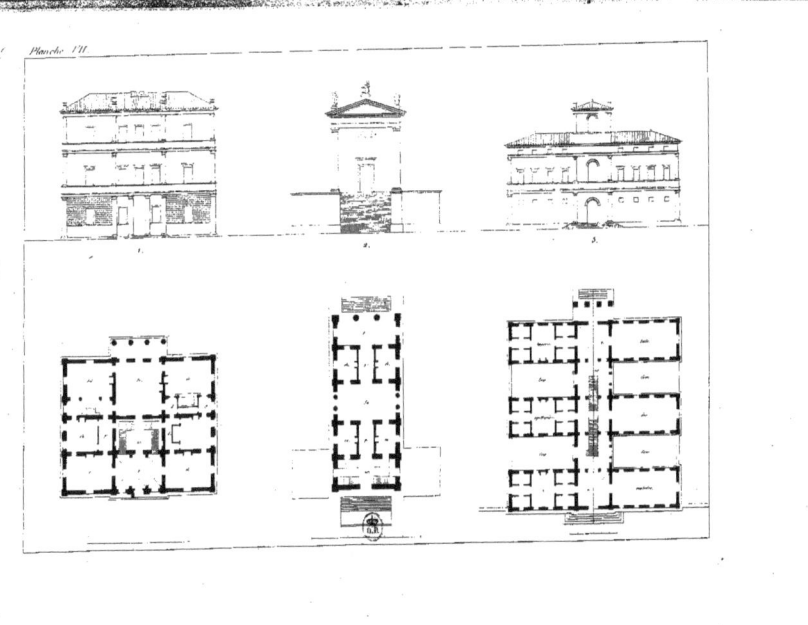

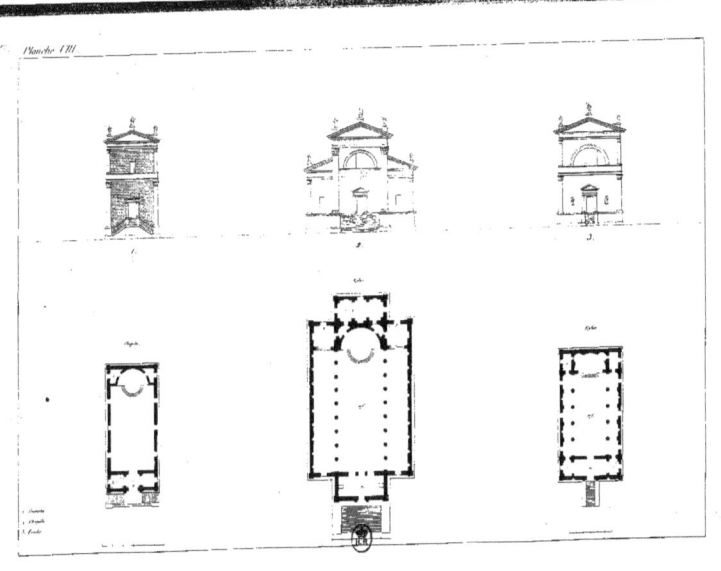

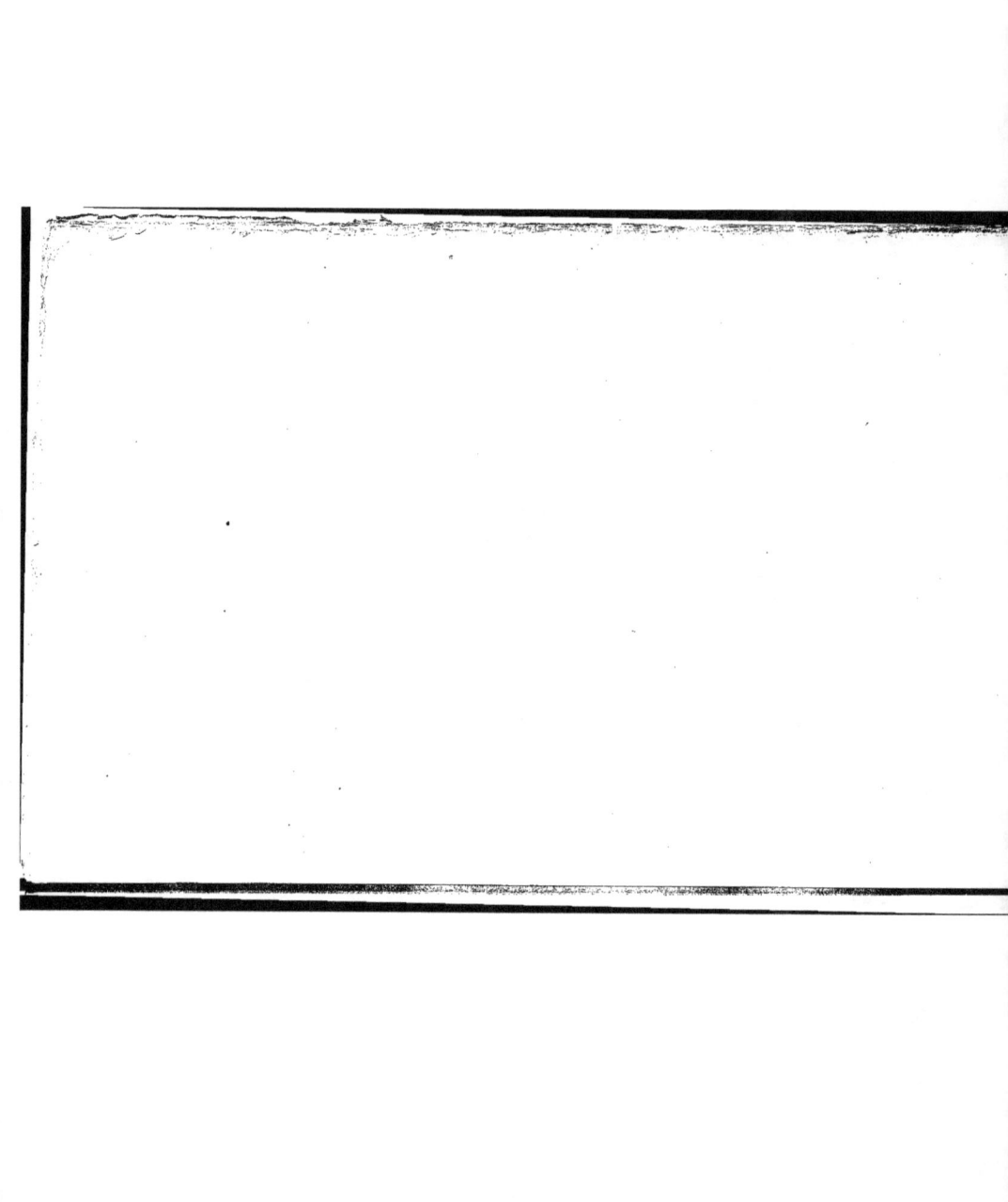

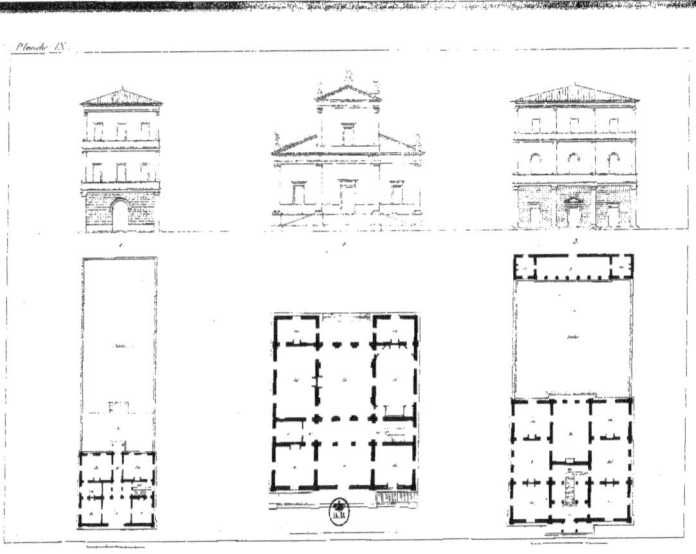

Planche IX.

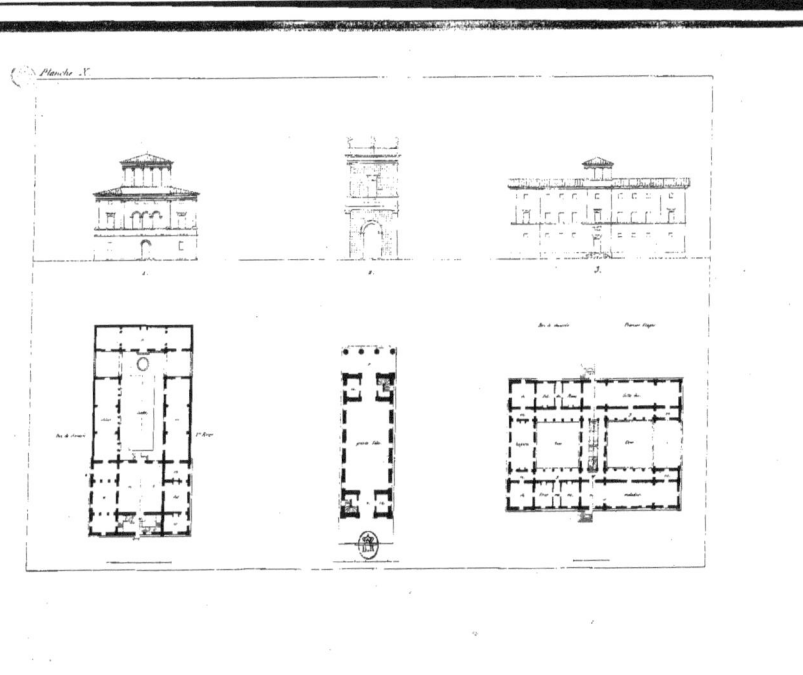

Planche 11ème   FRONTISPICE.

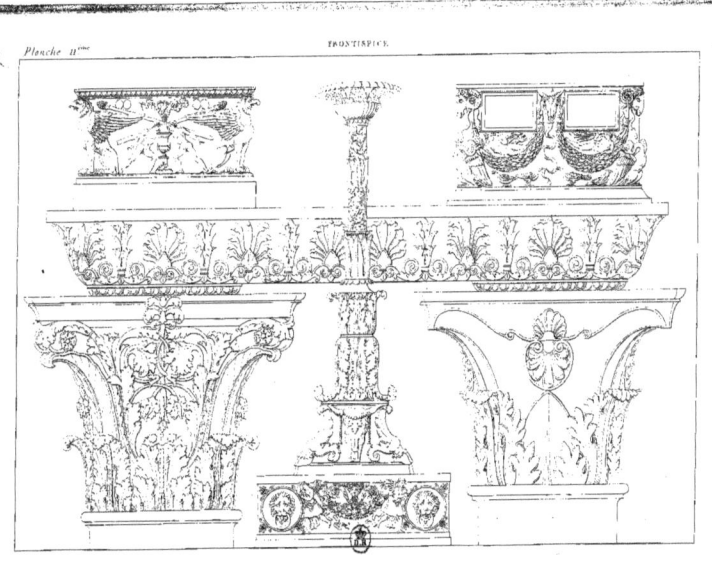

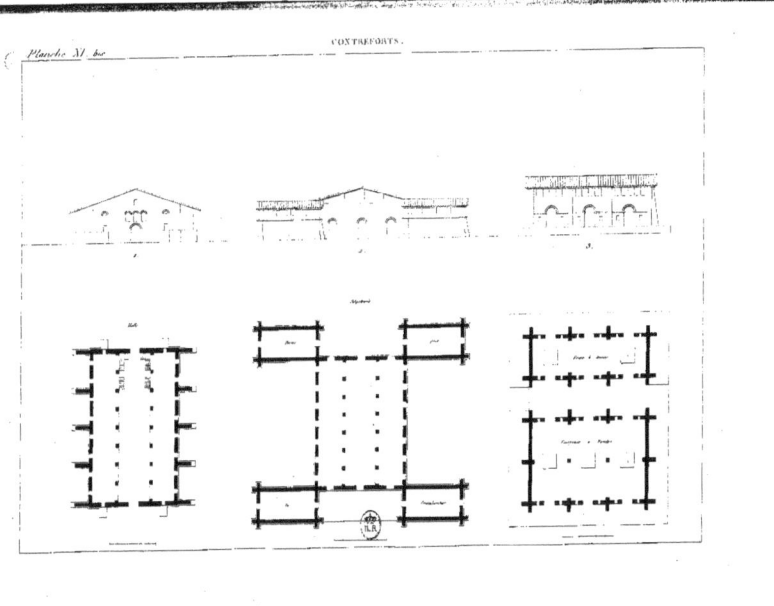

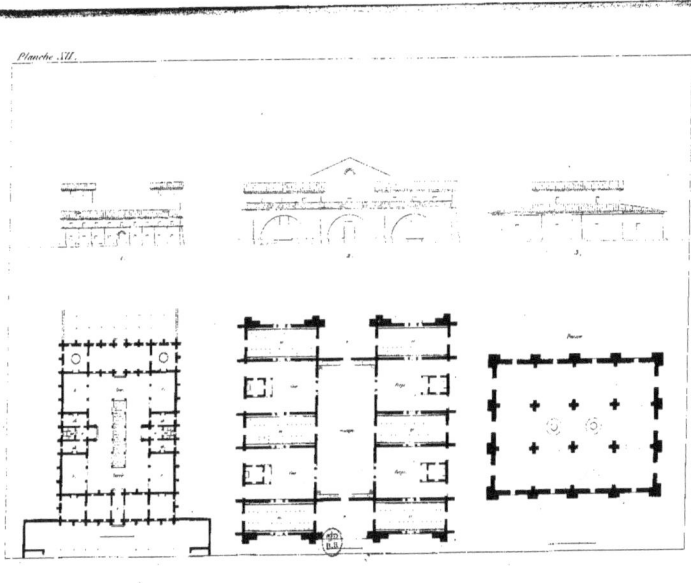

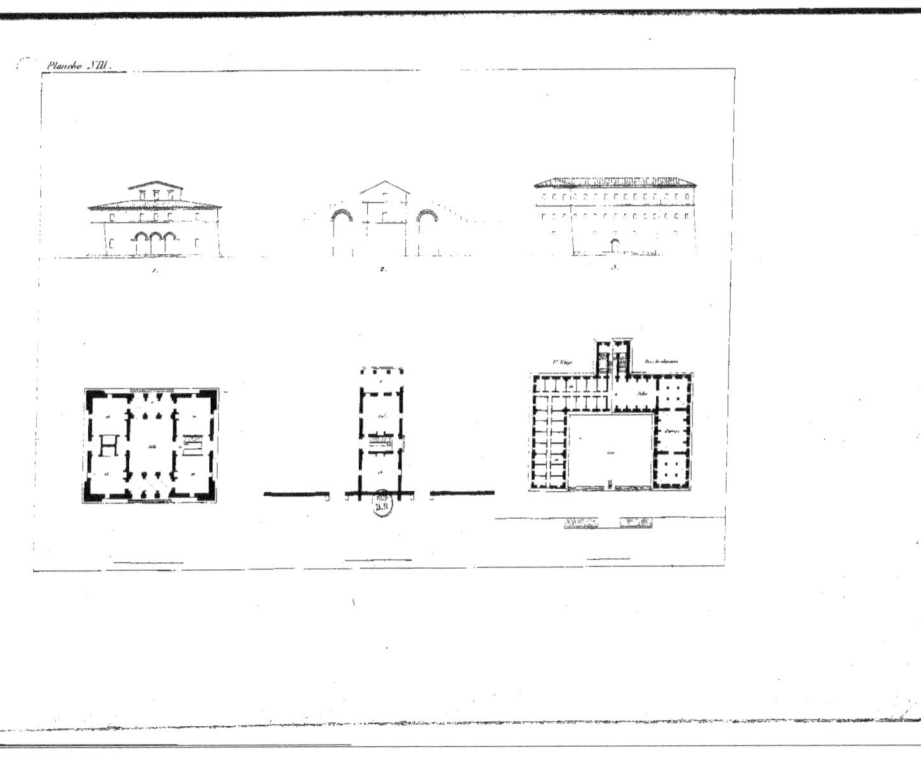

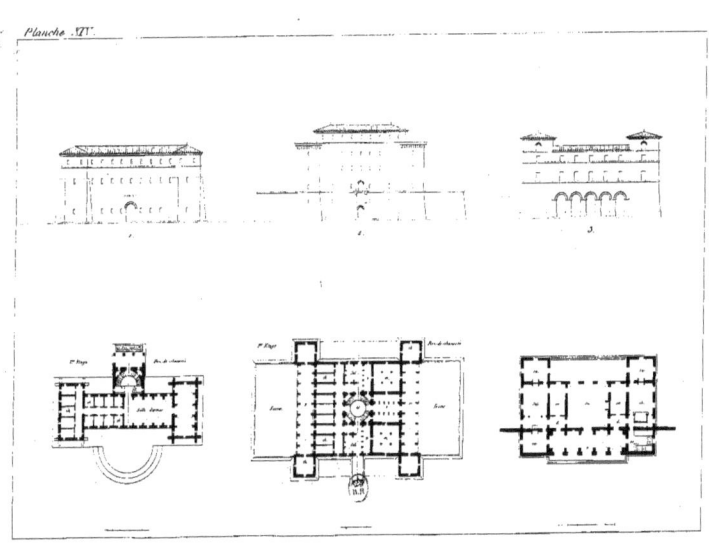

Planche XIV.

Planche XV.

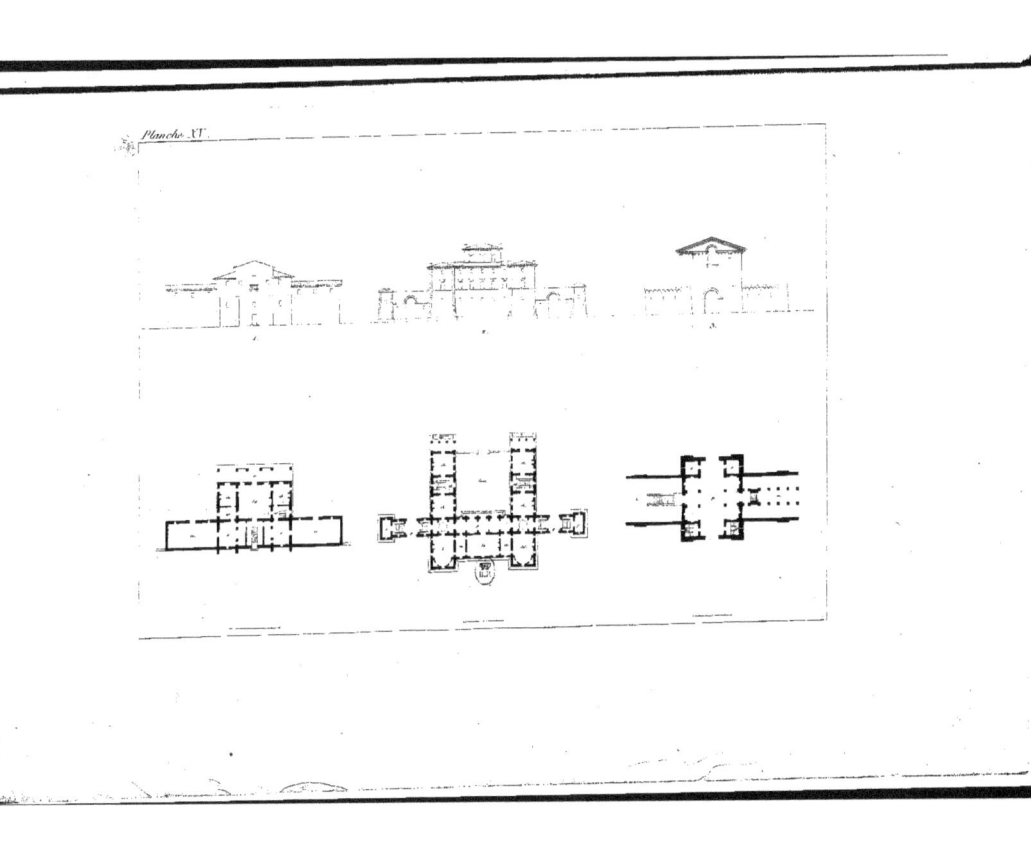

Planche 16.ème   FRONTISPICE.

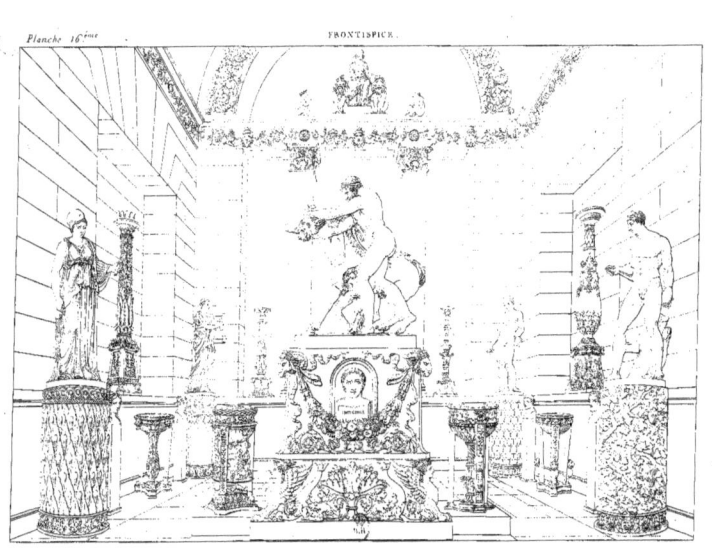

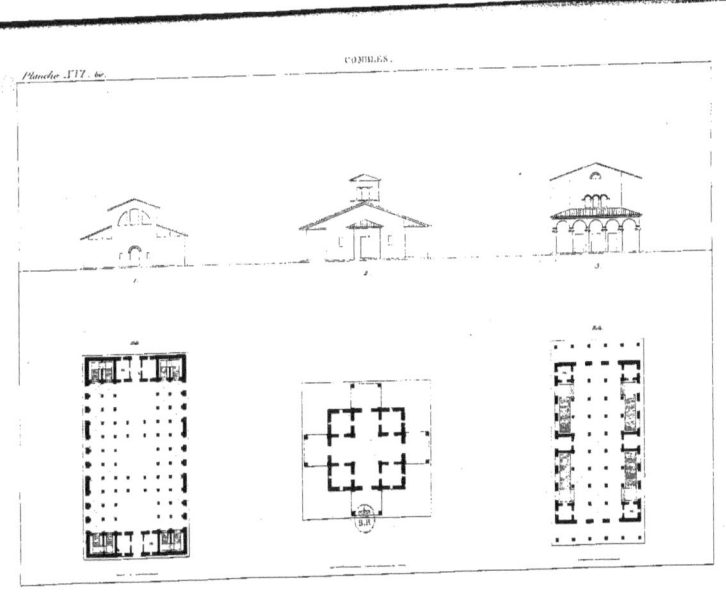

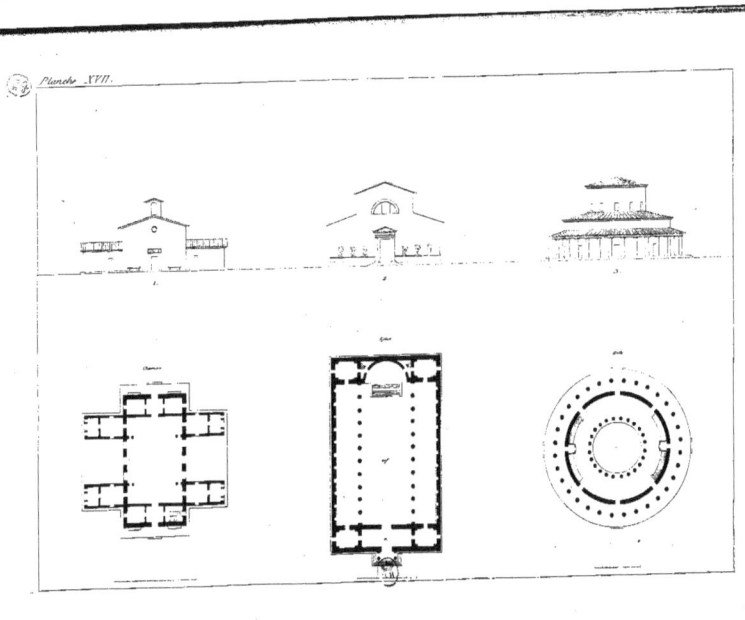

Planche XVII.

Planche XVIII.

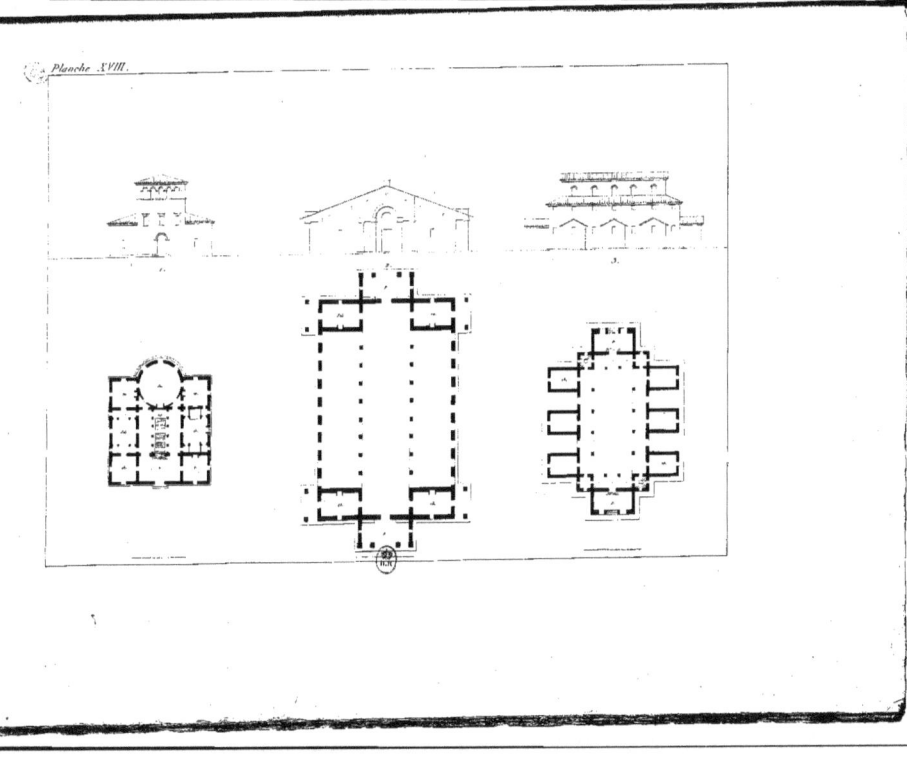

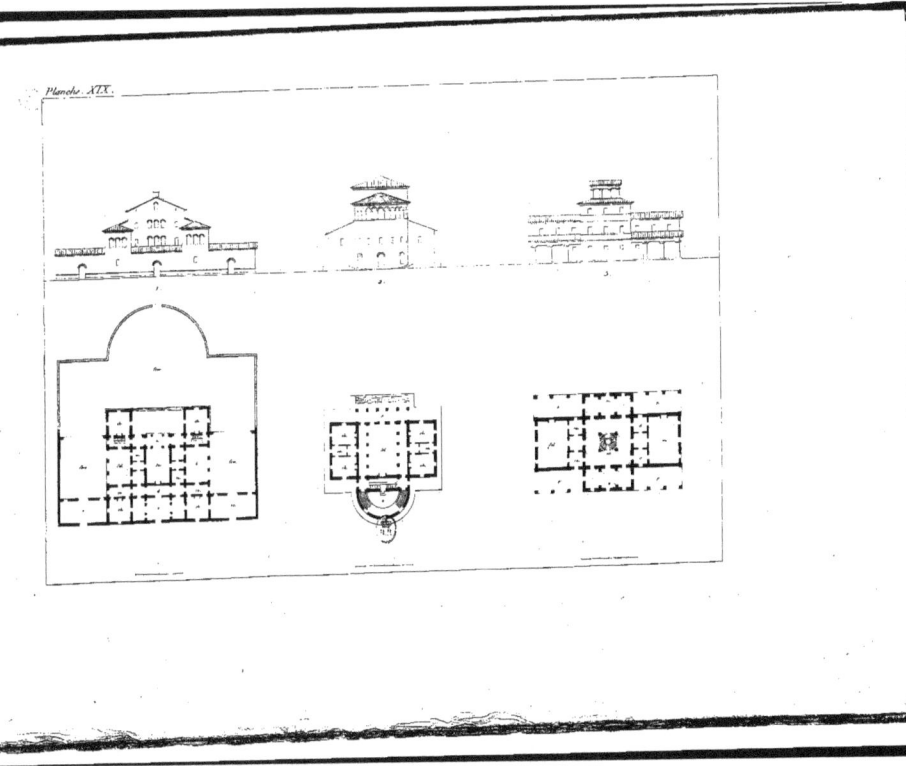

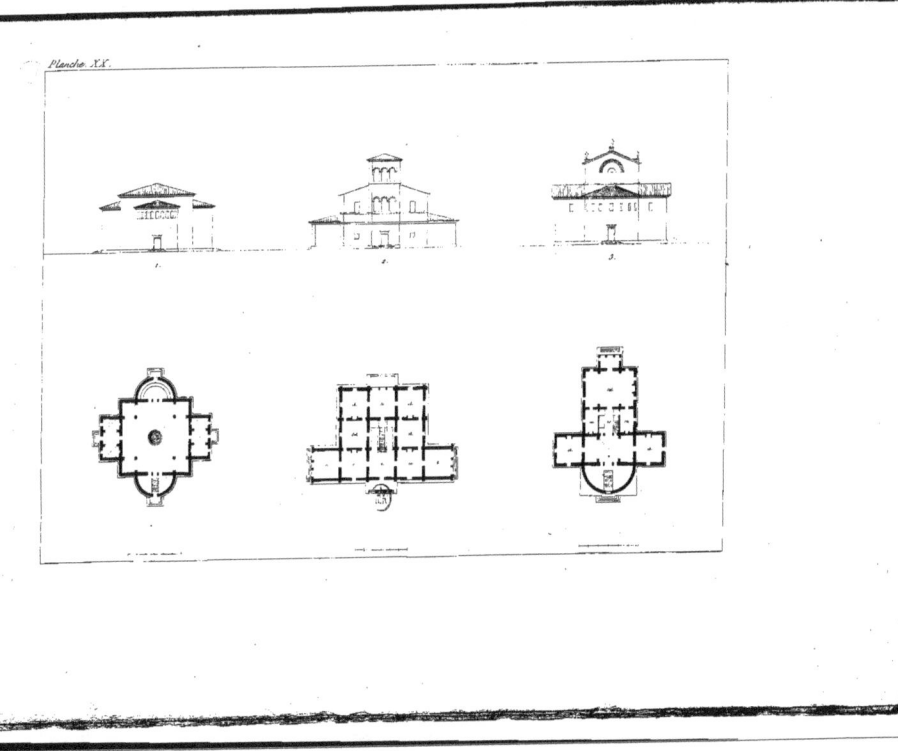

Planche XX.

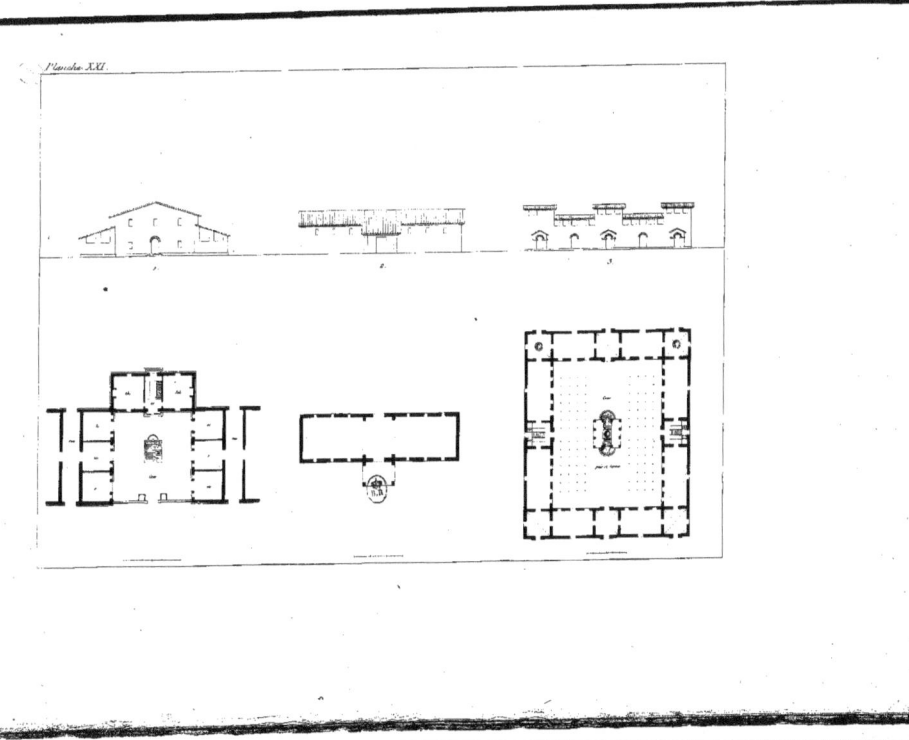

Planche XXI.

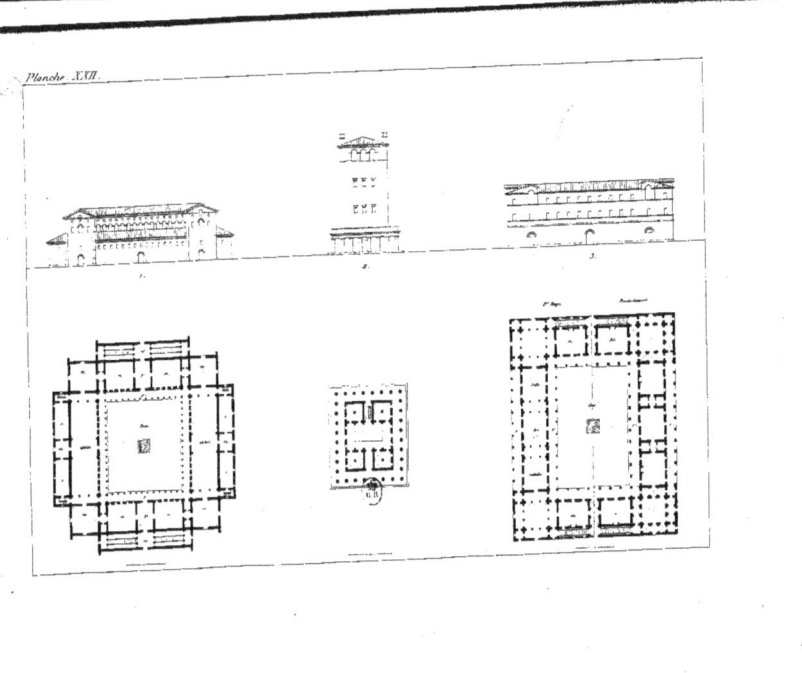

Planche XXII.

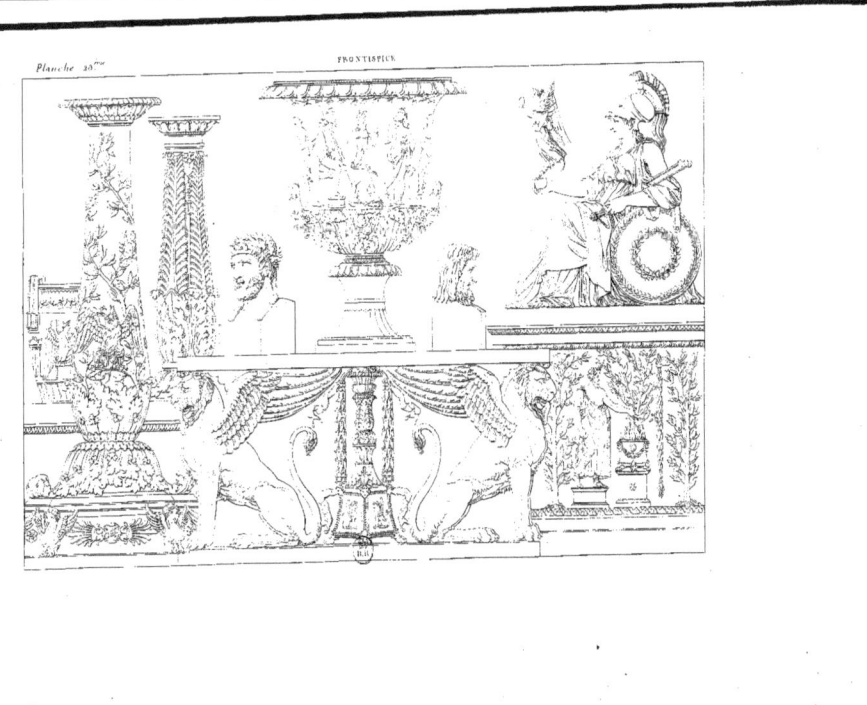

Planche 25. FRONTISPICE

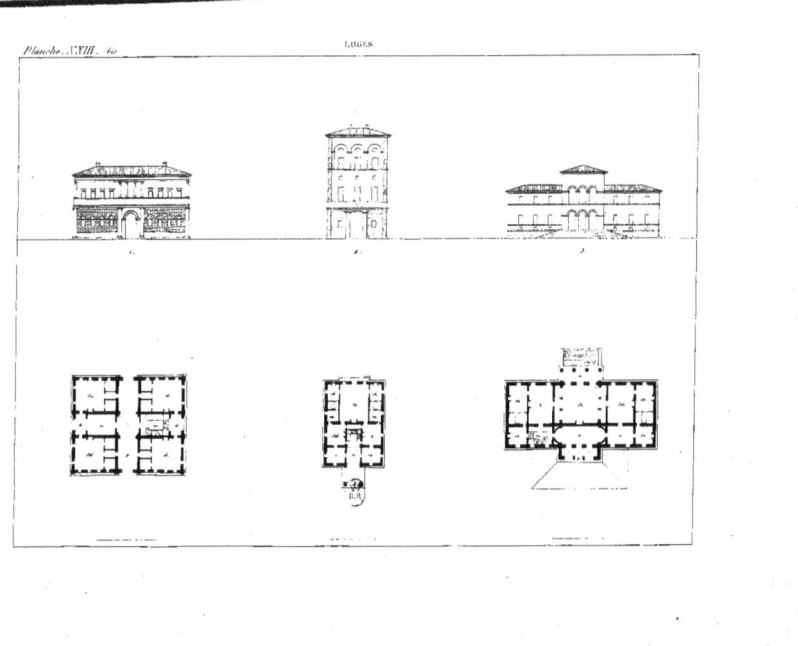

Planche XXIV.

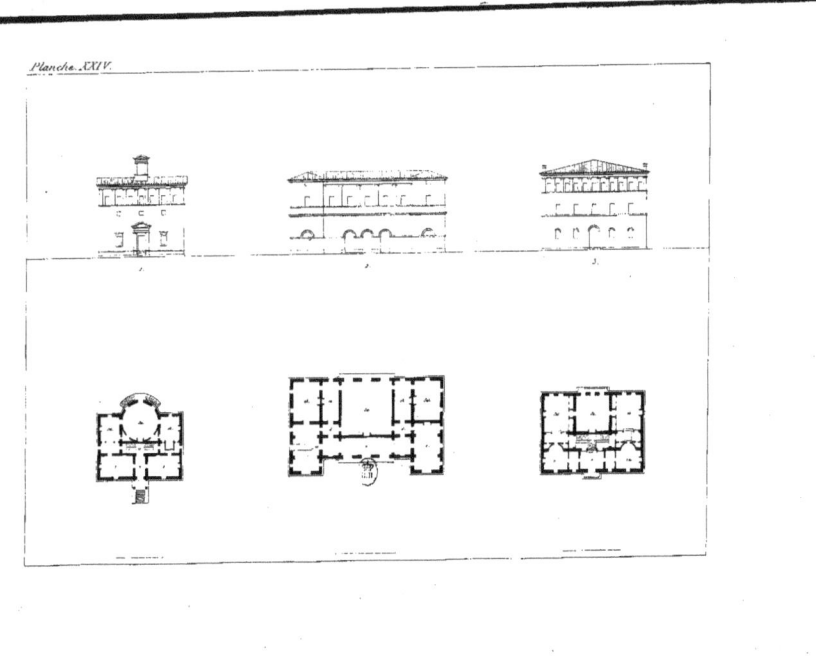

Planche XXV.

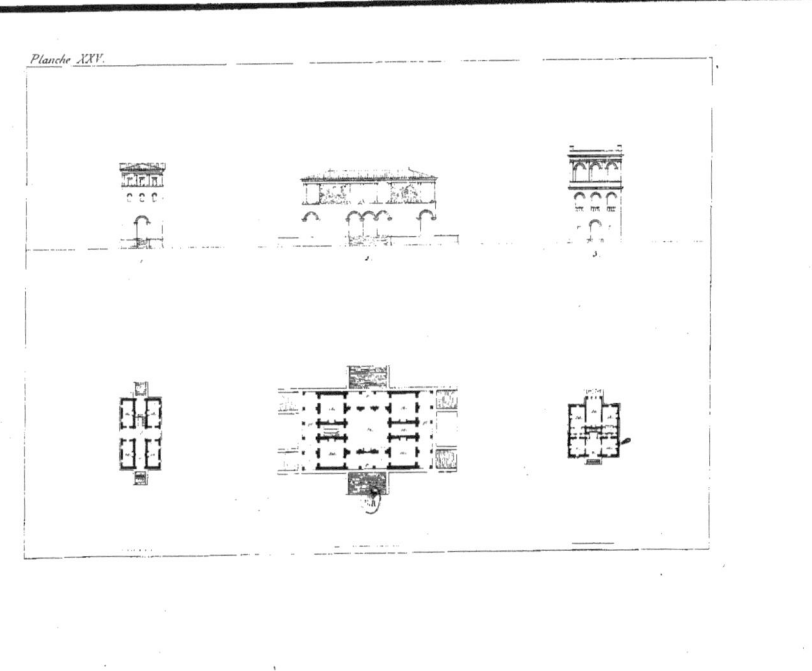

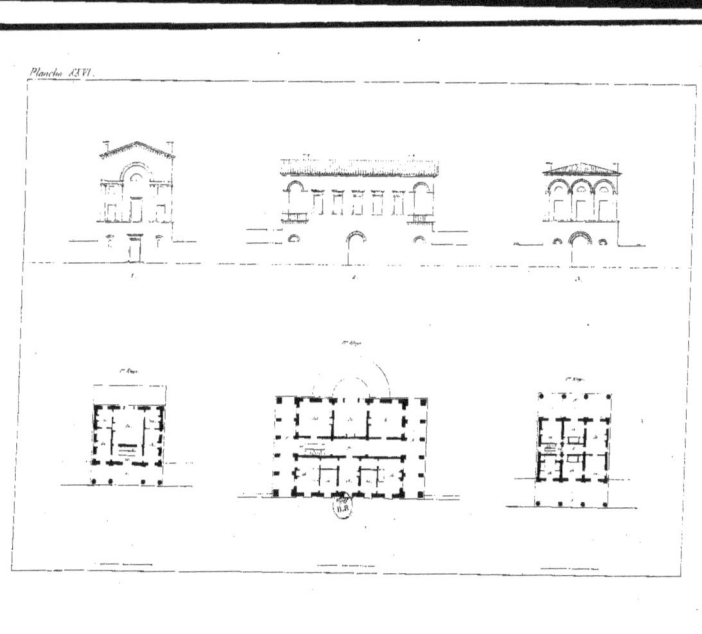

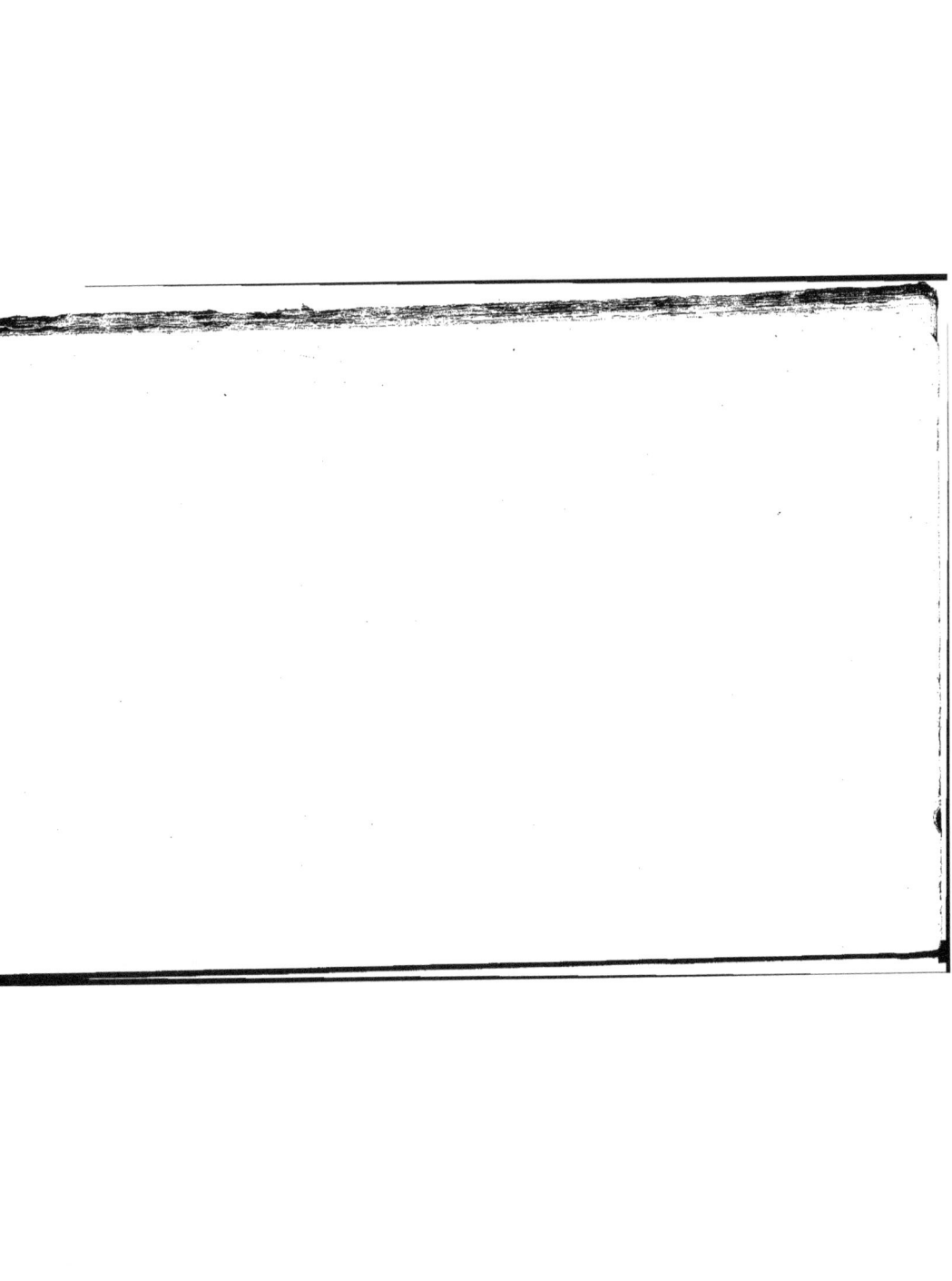

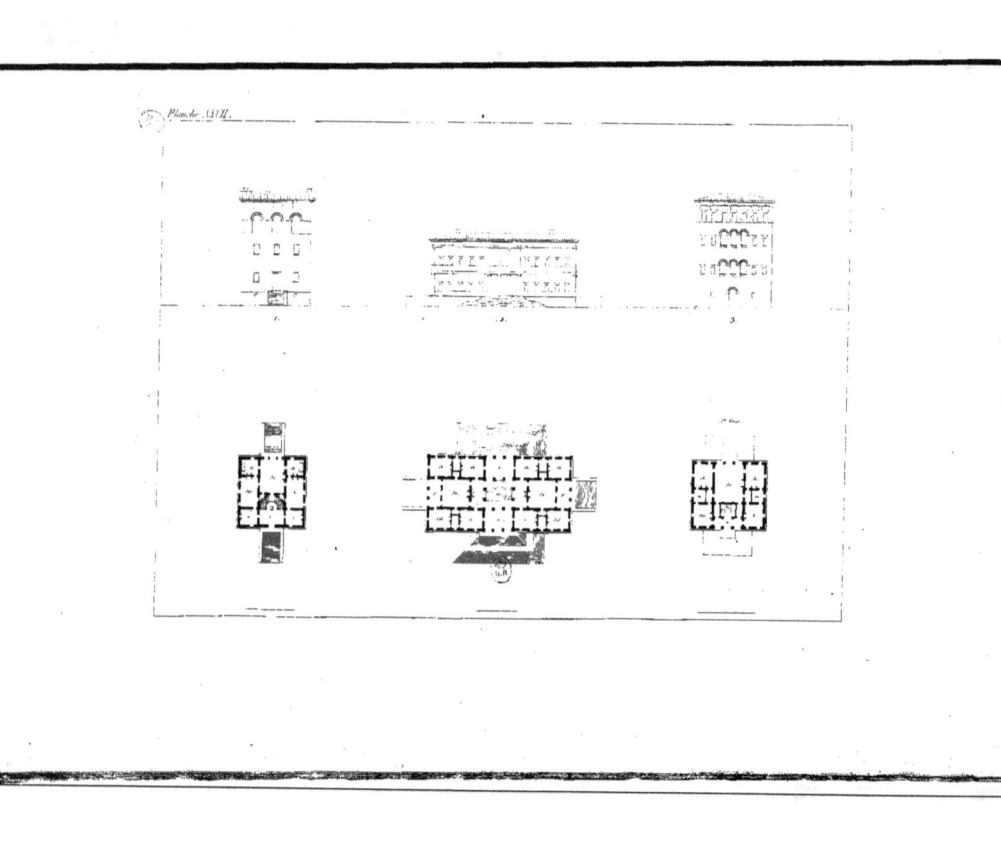

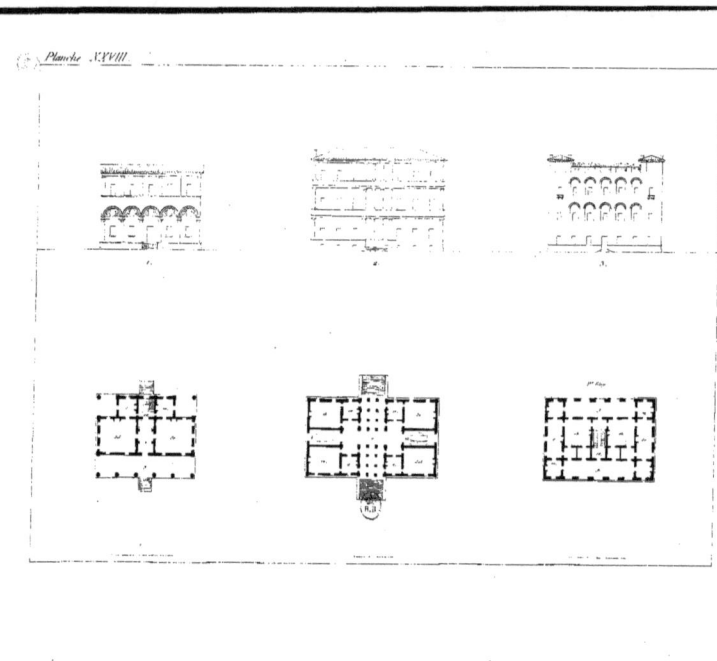

Planche XXVIII.

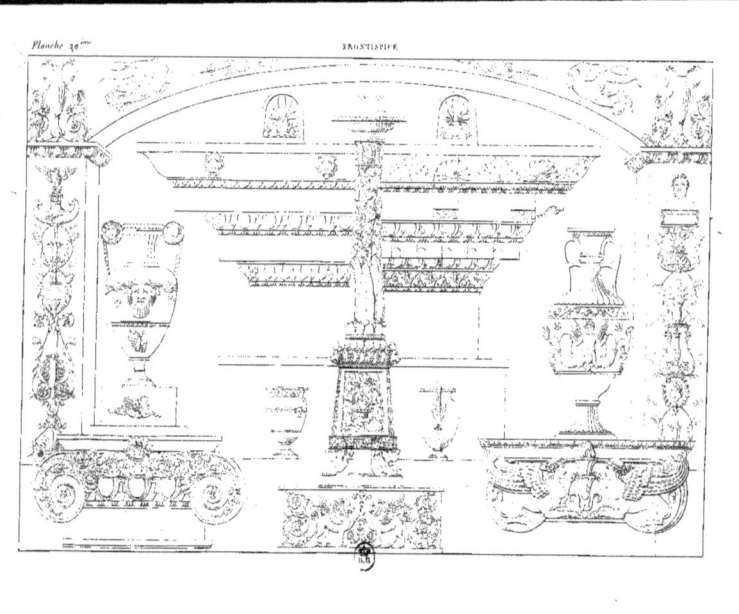

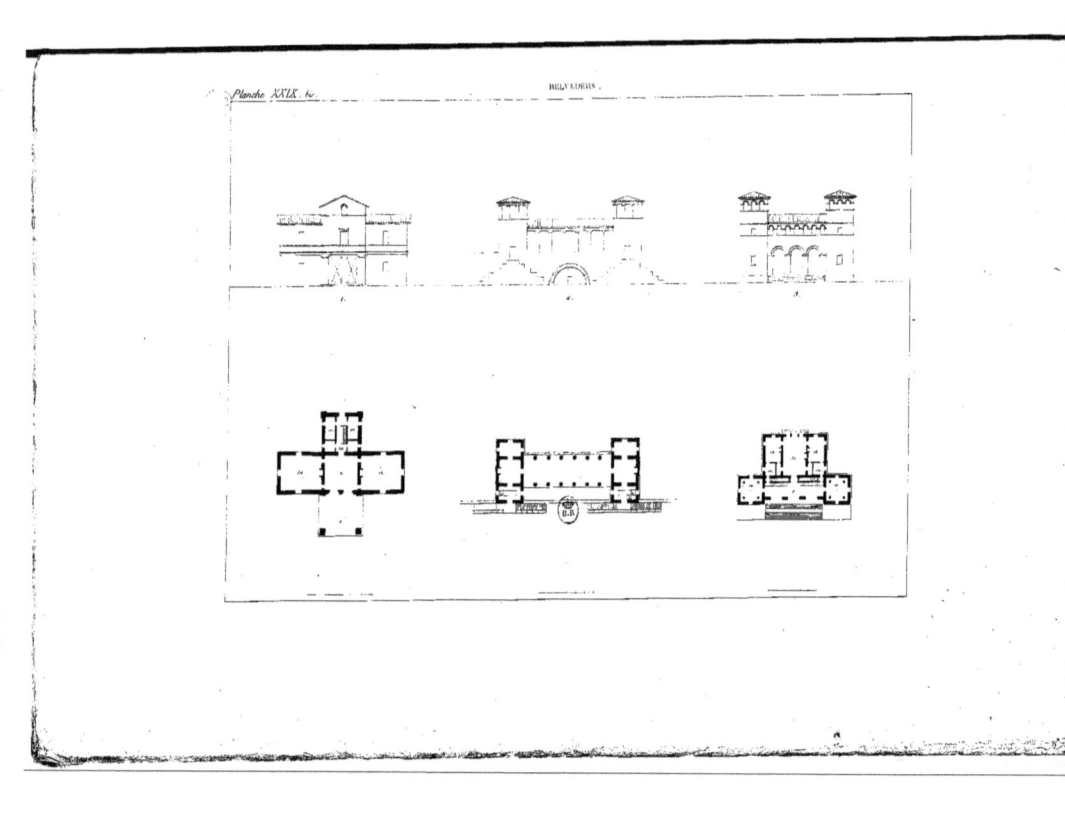

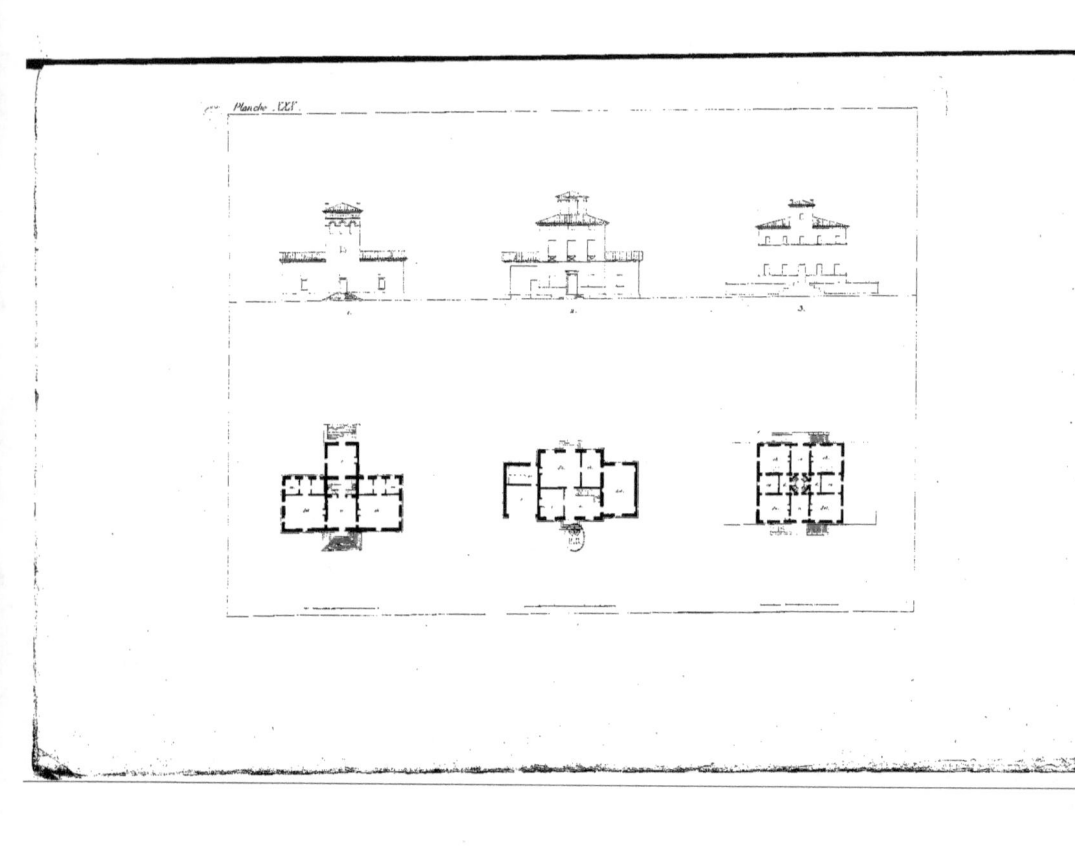

Planche XXXVI.

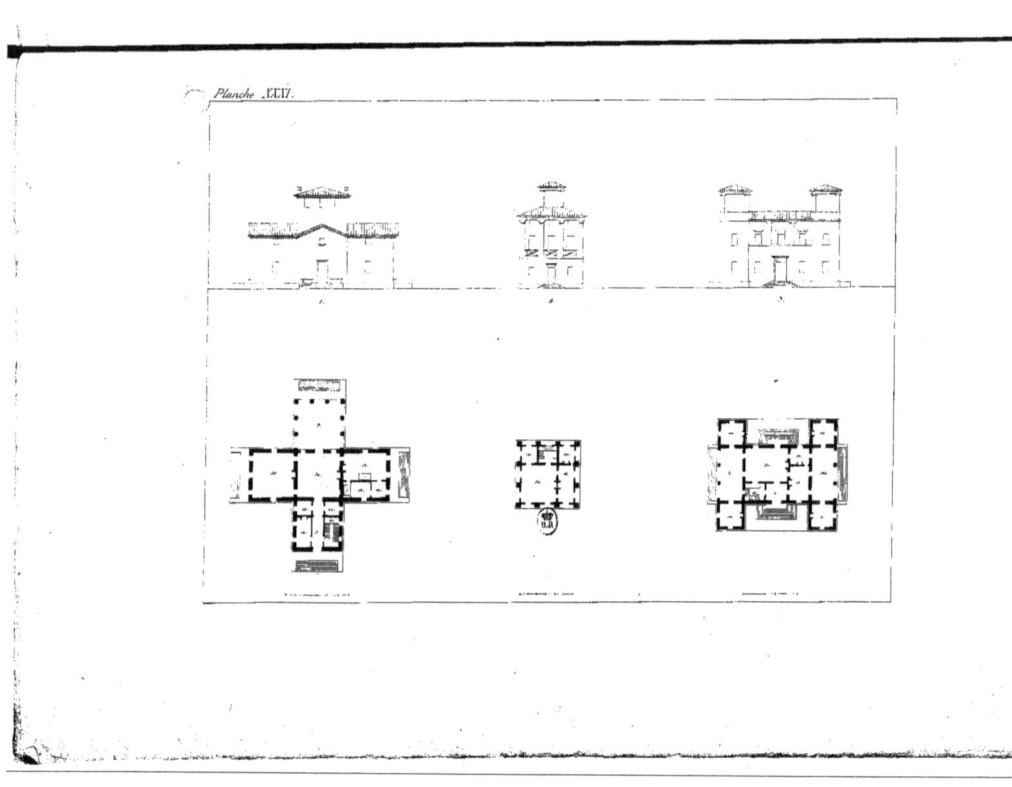

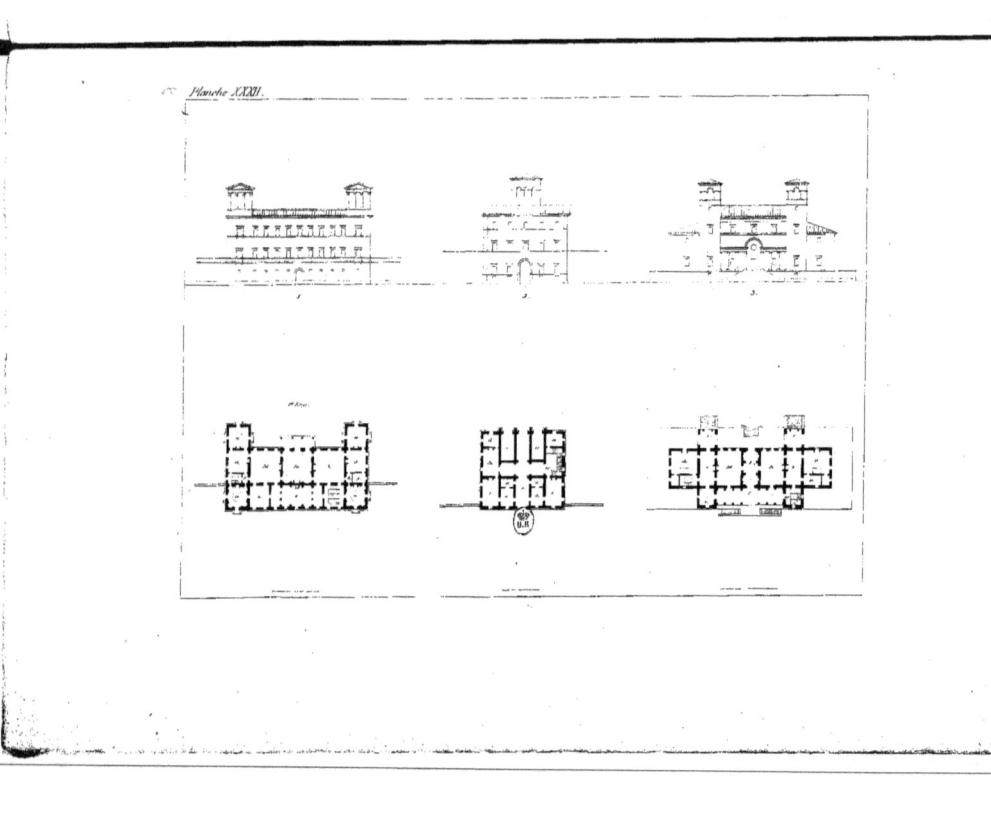

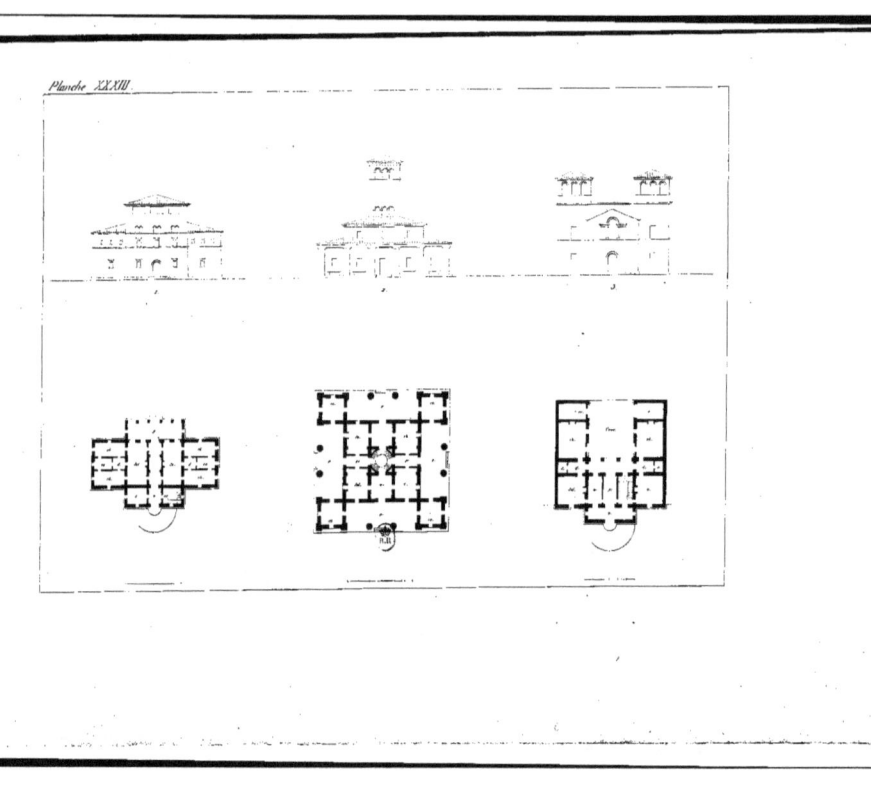

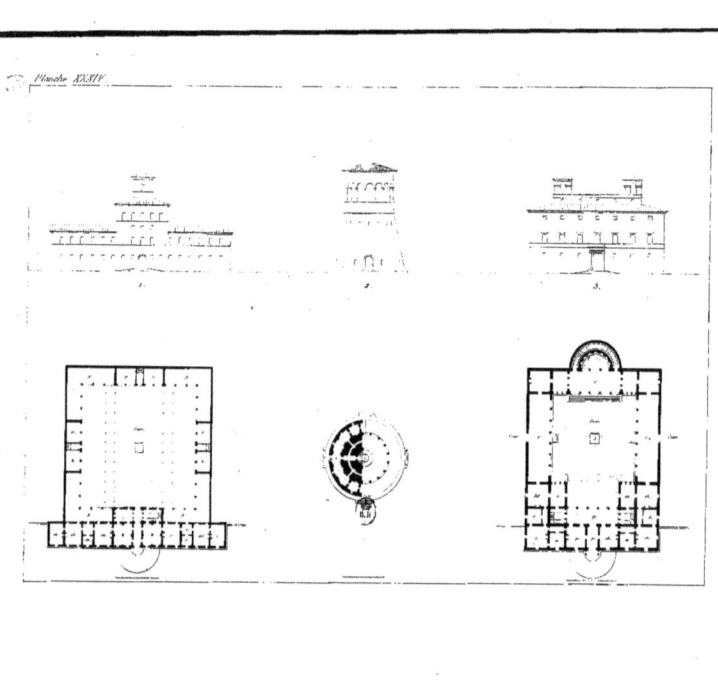

Planche XXXIV.

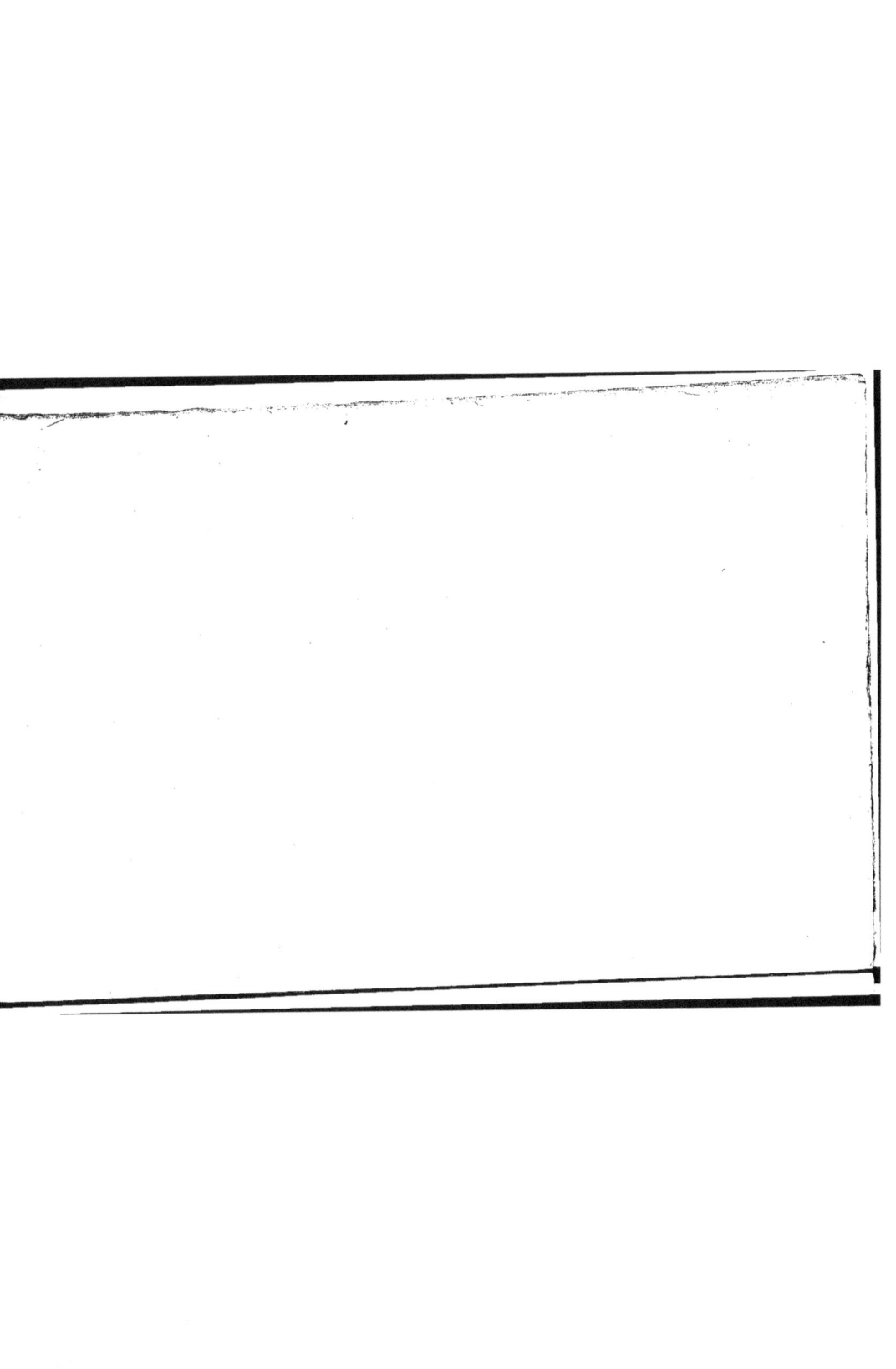

Planche XXXV.

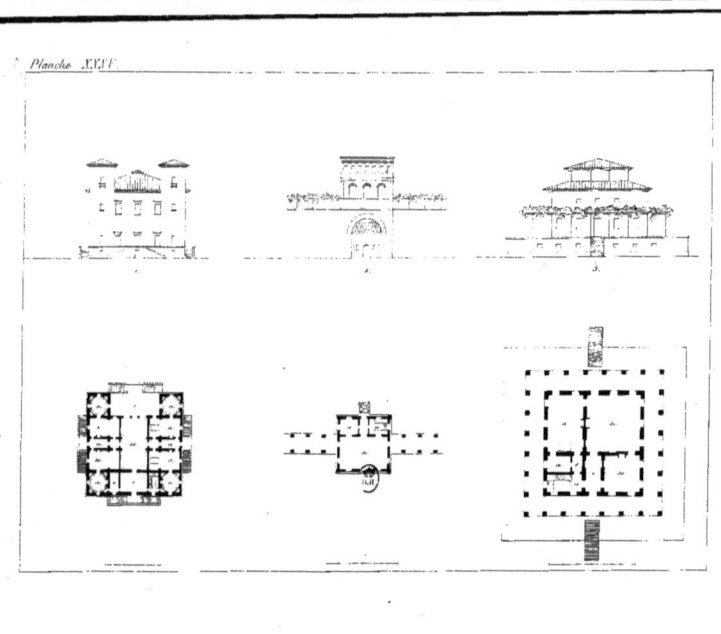

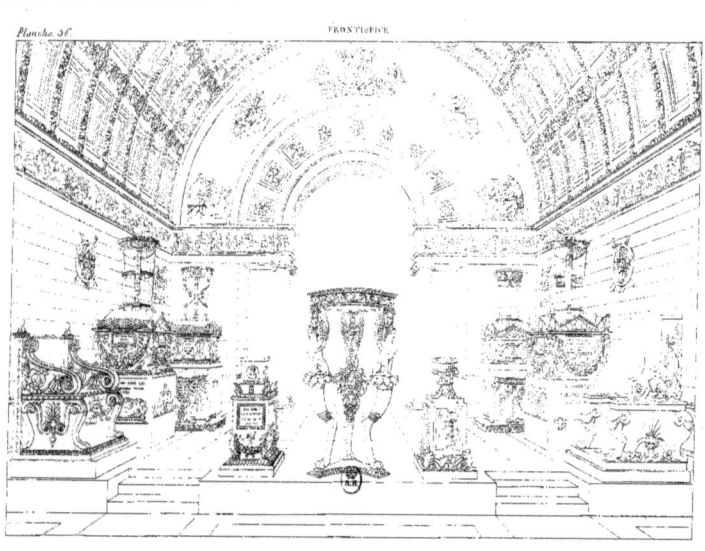

Planche 36. FRONTISPICE

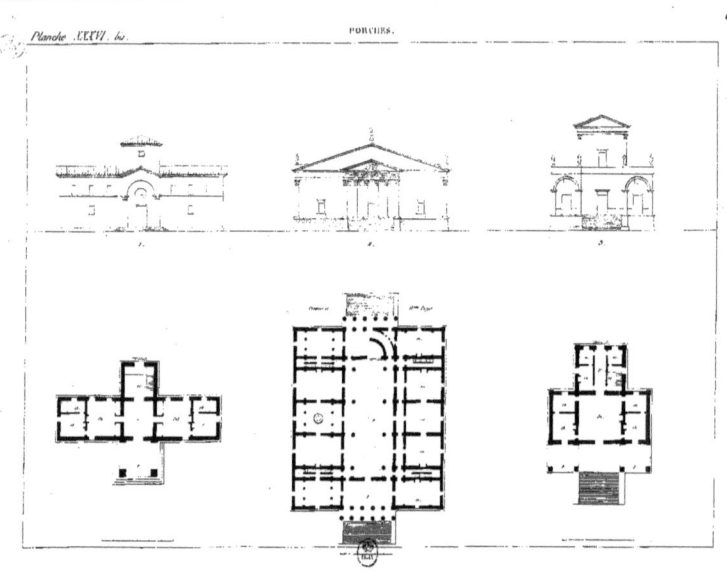

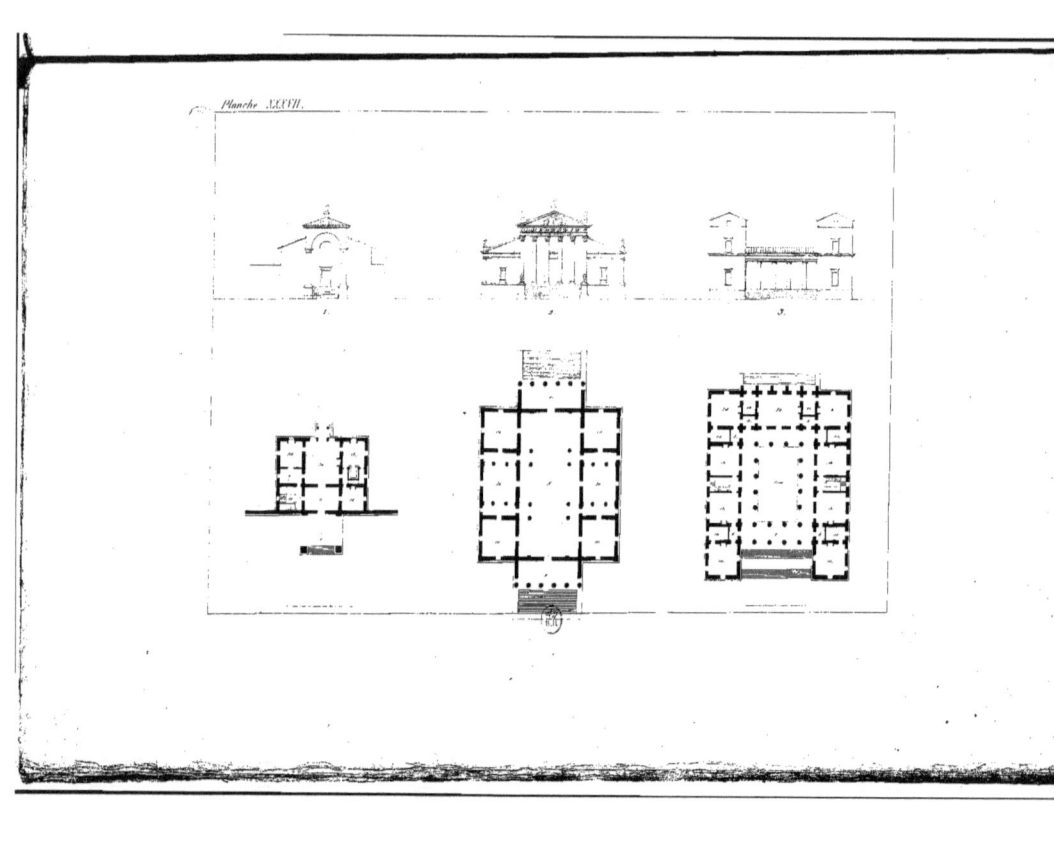

Planche XXXVII.

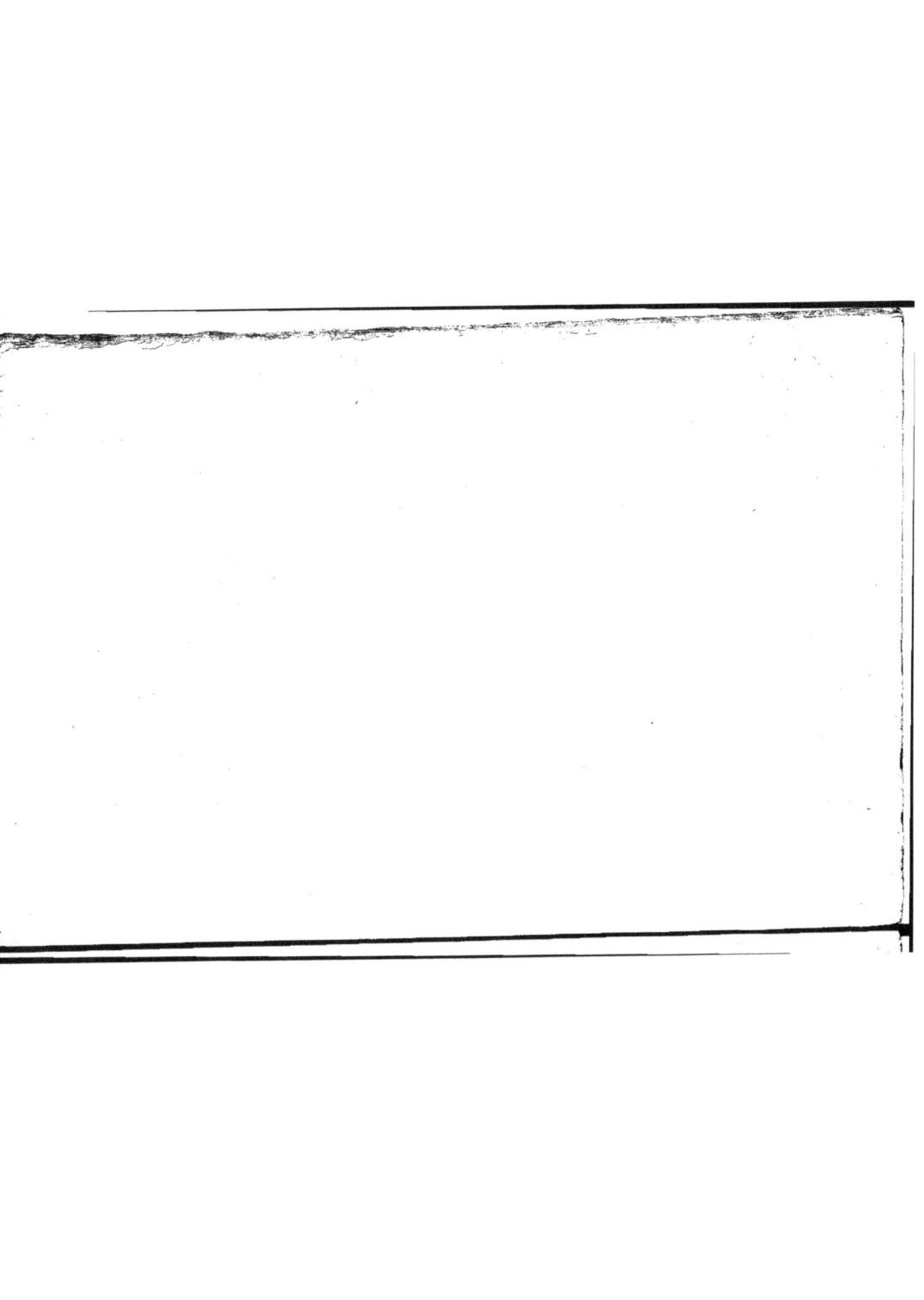

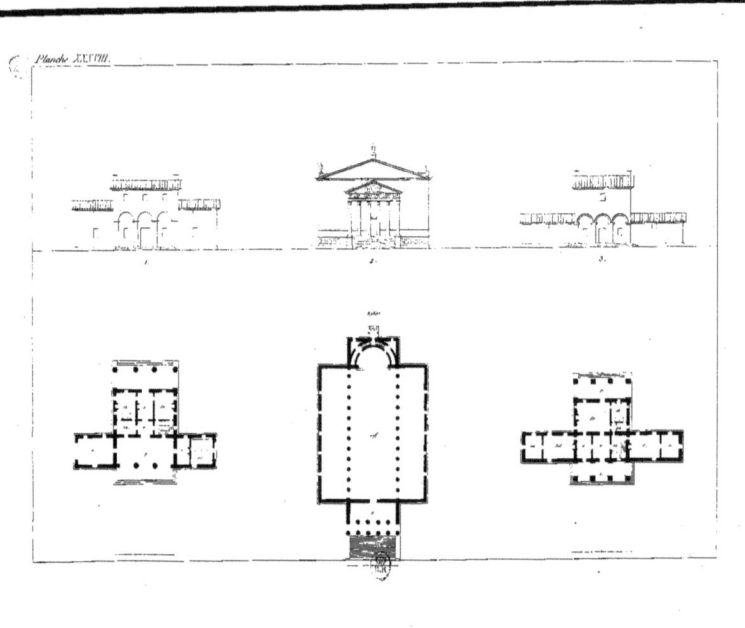

Planche XXVIII.

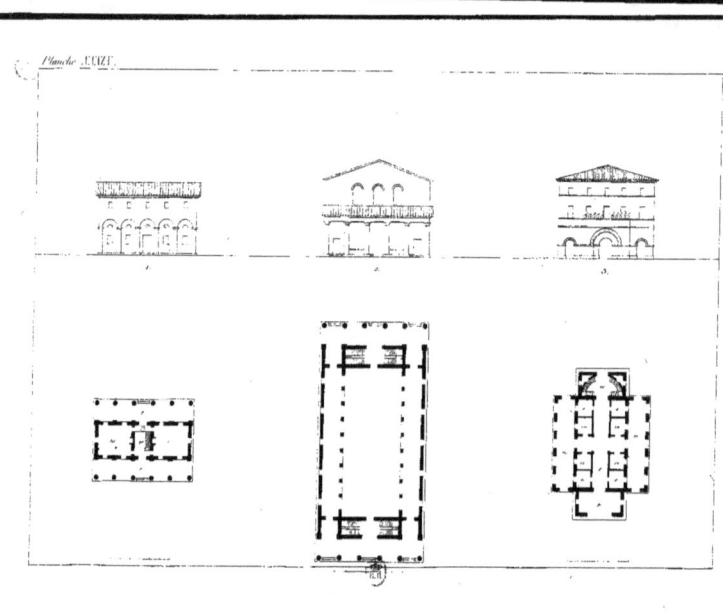

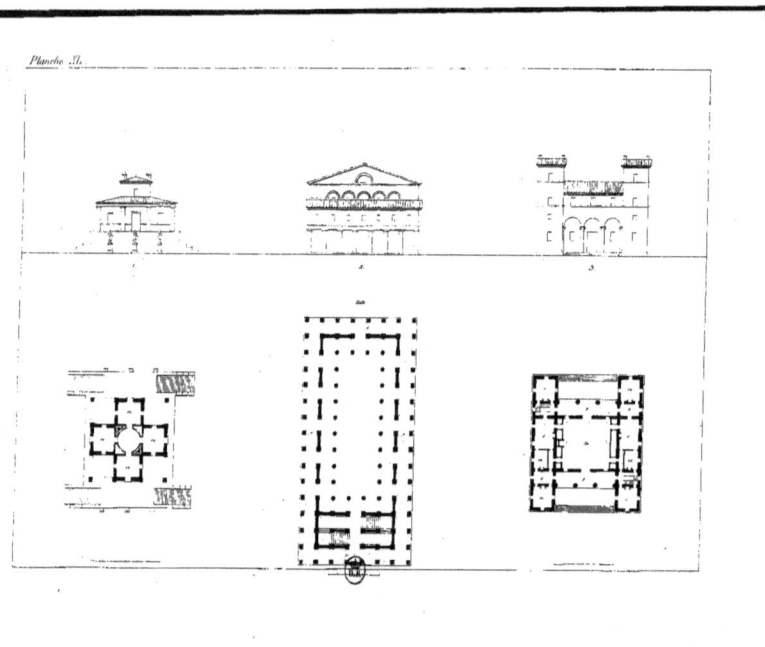

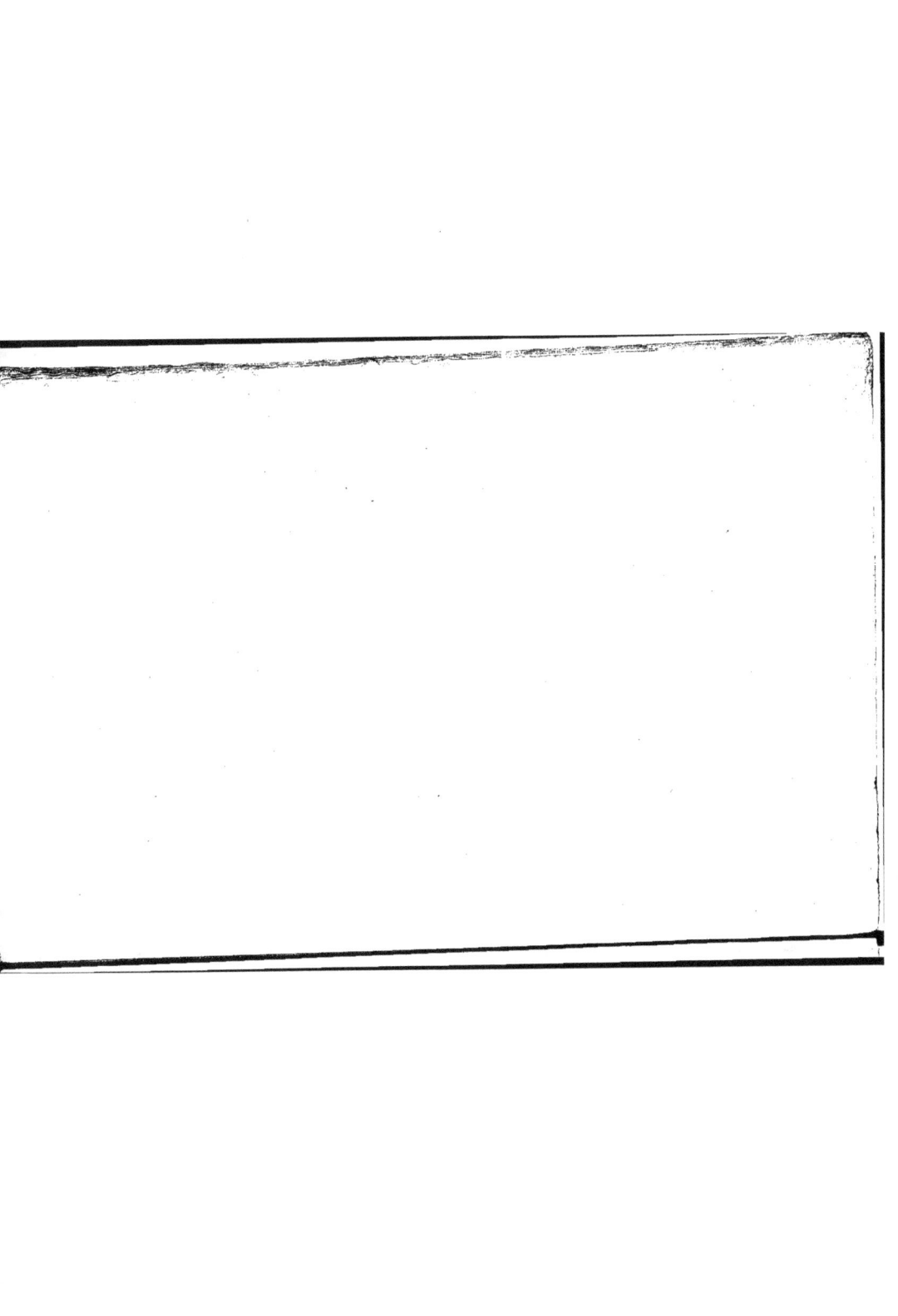

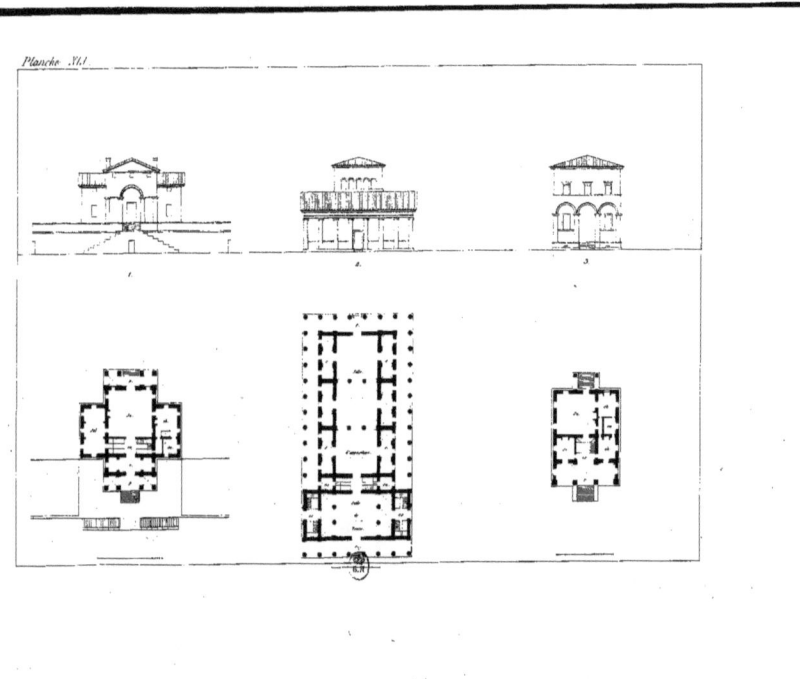

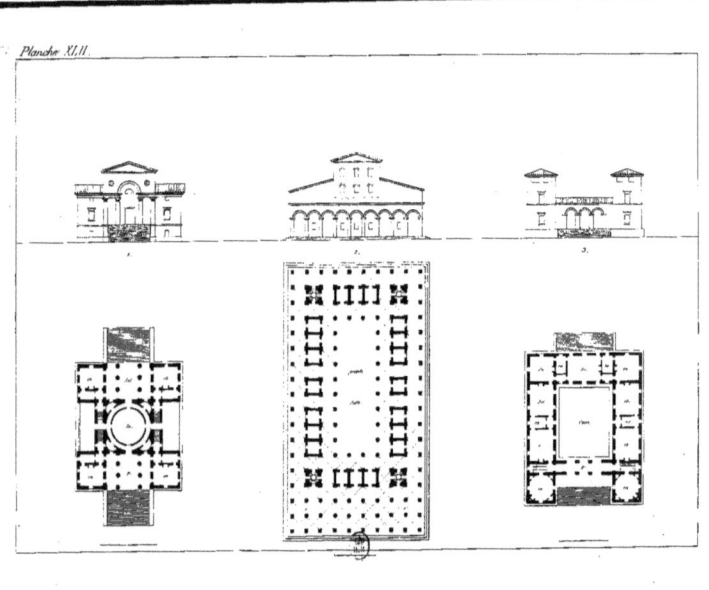

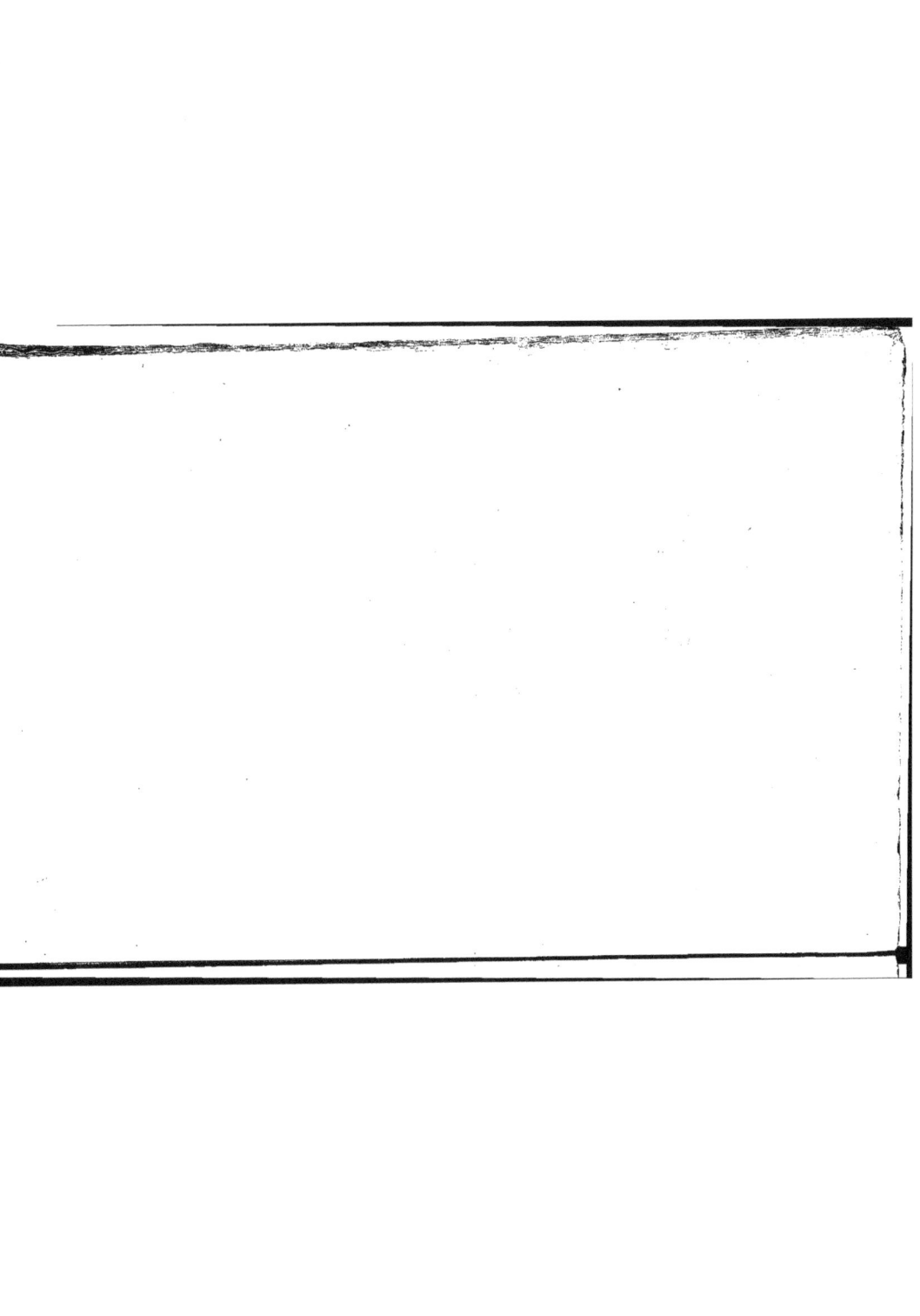

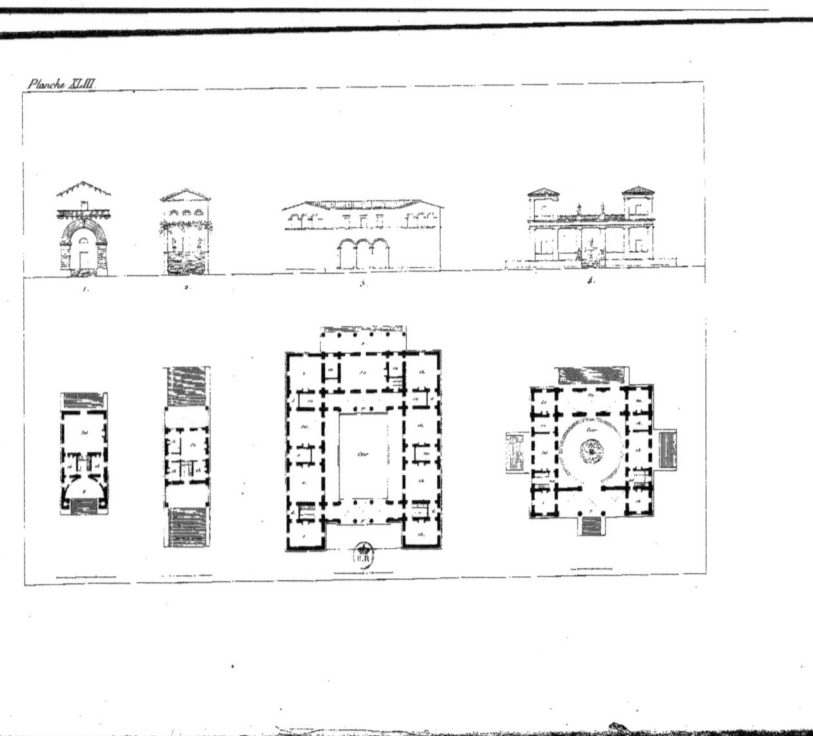

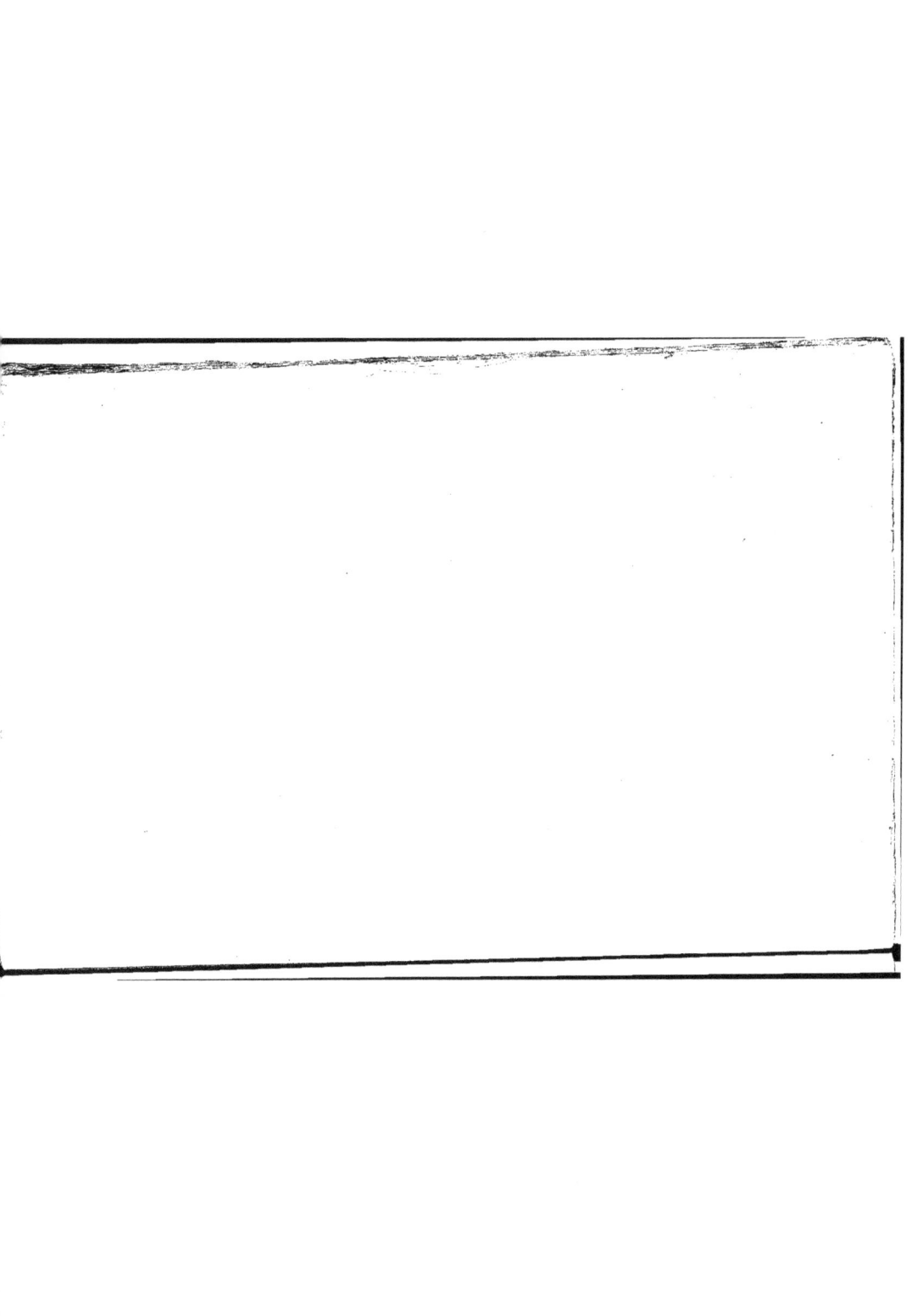

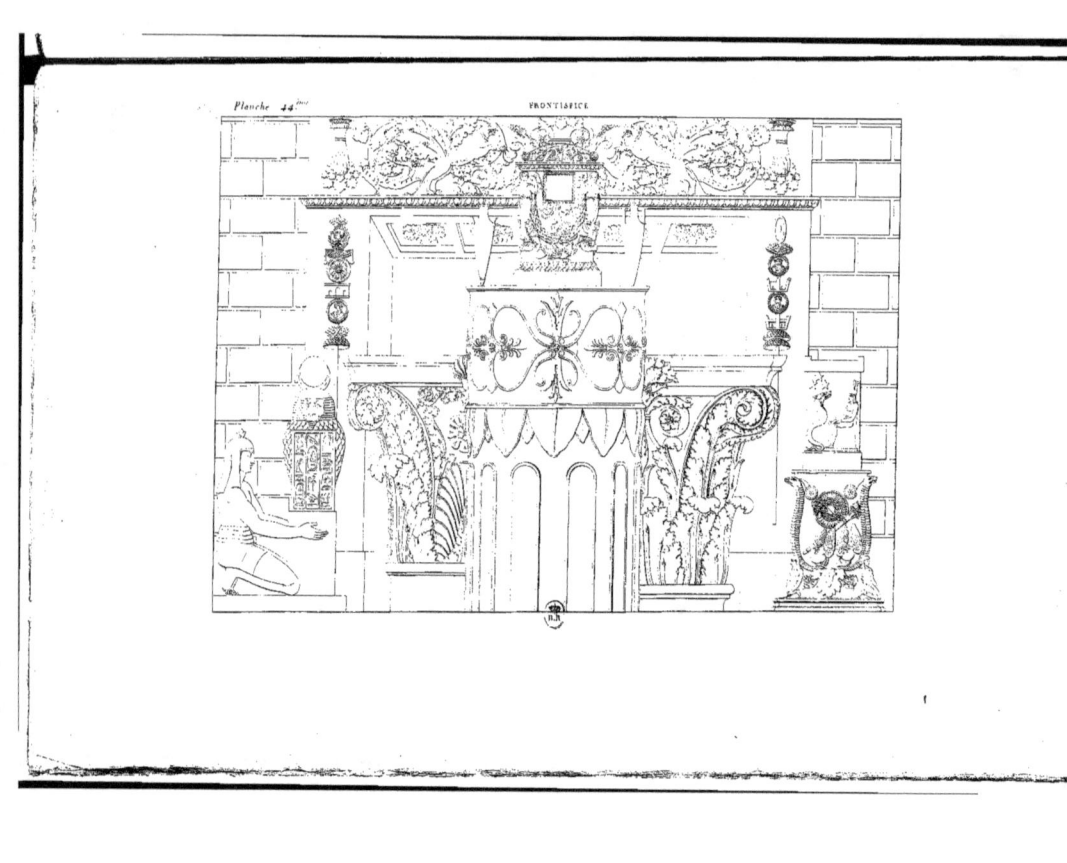

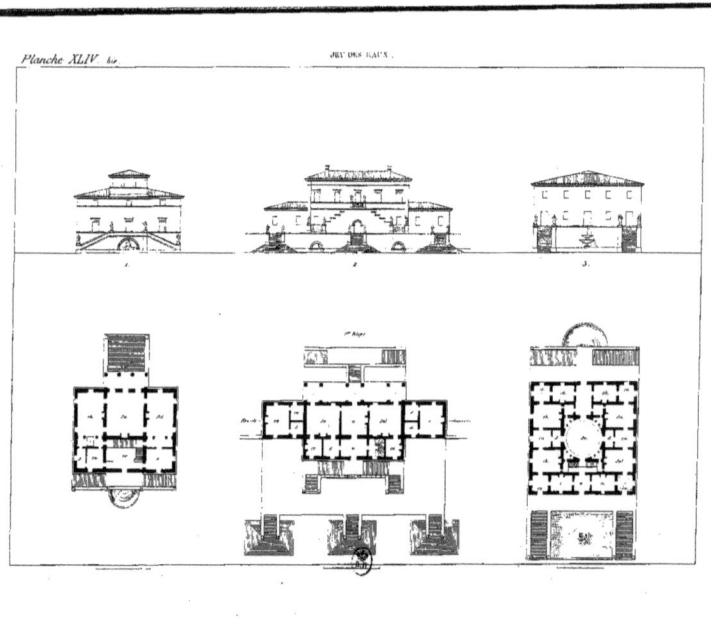

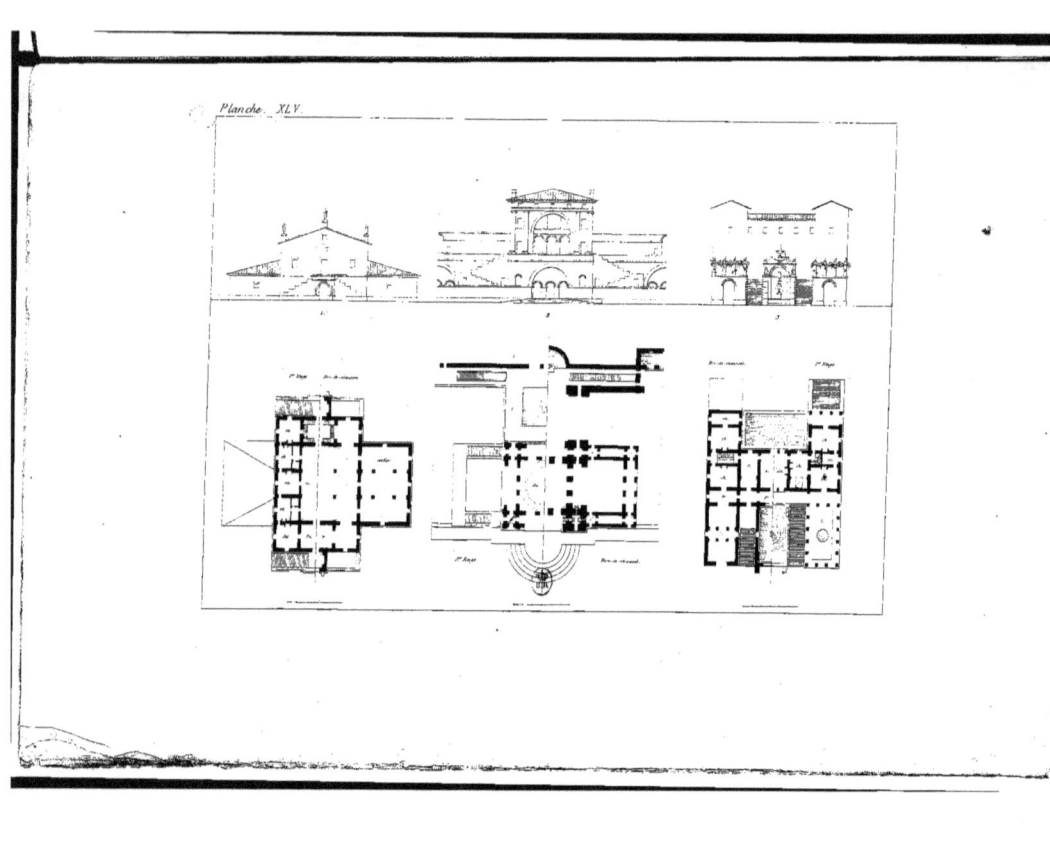

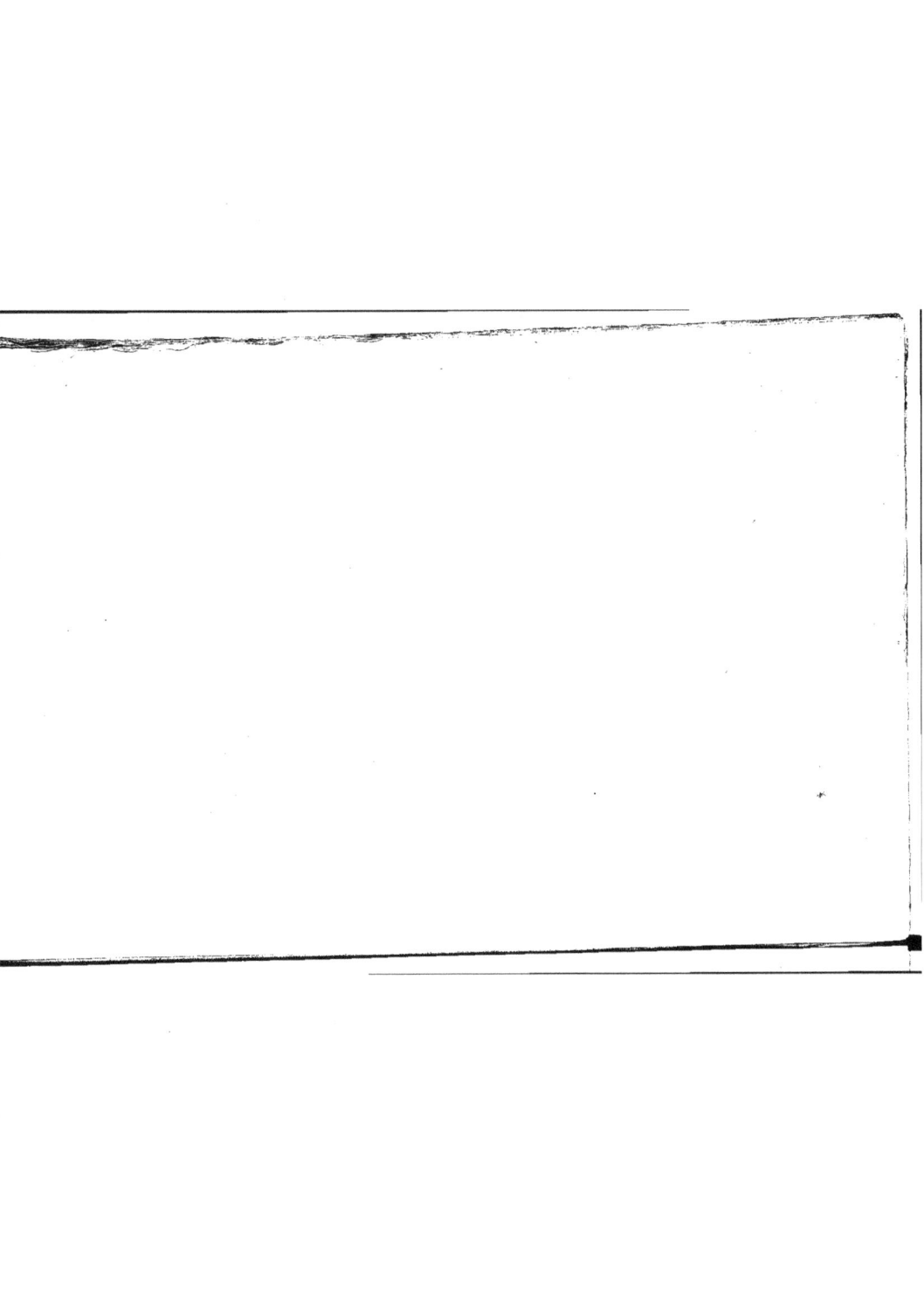

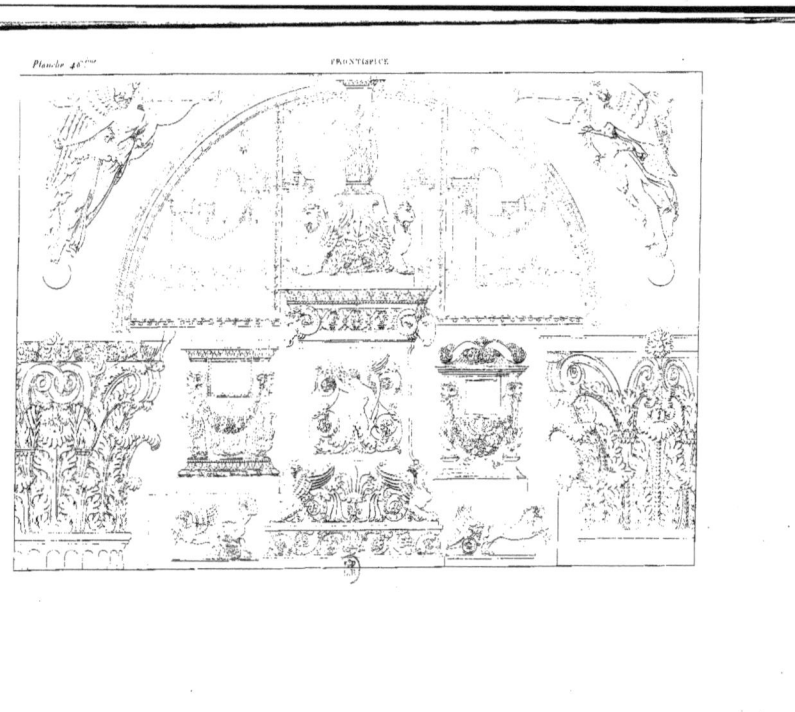

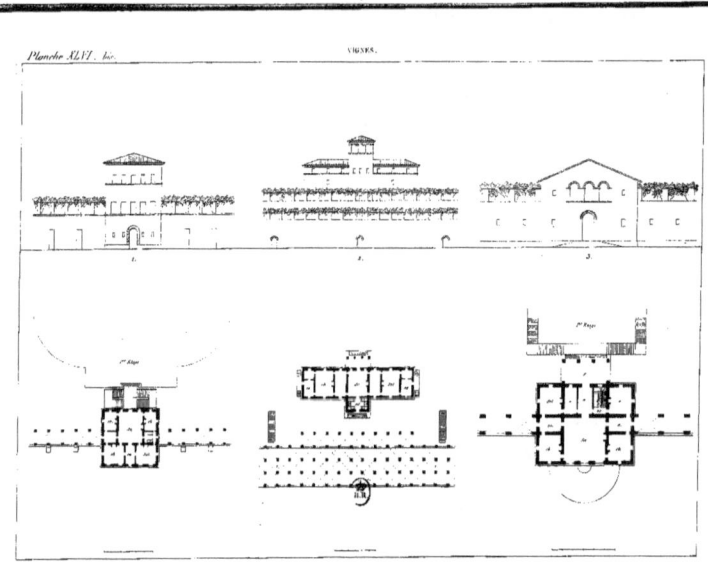

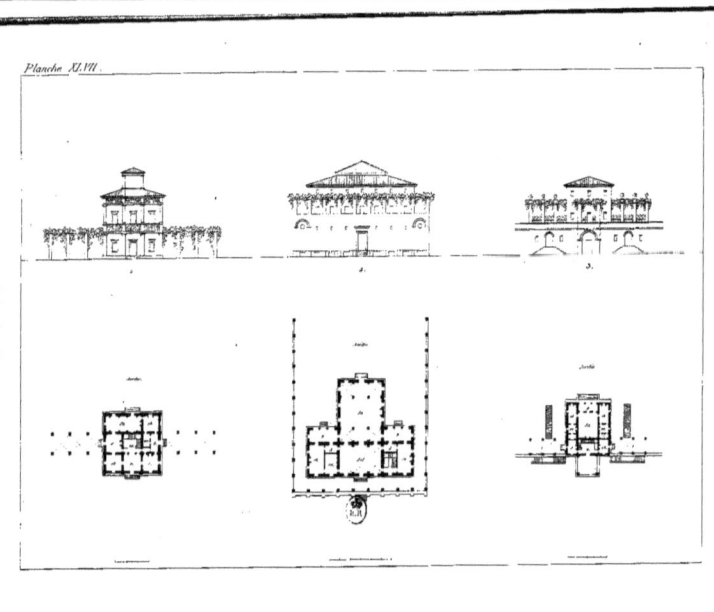

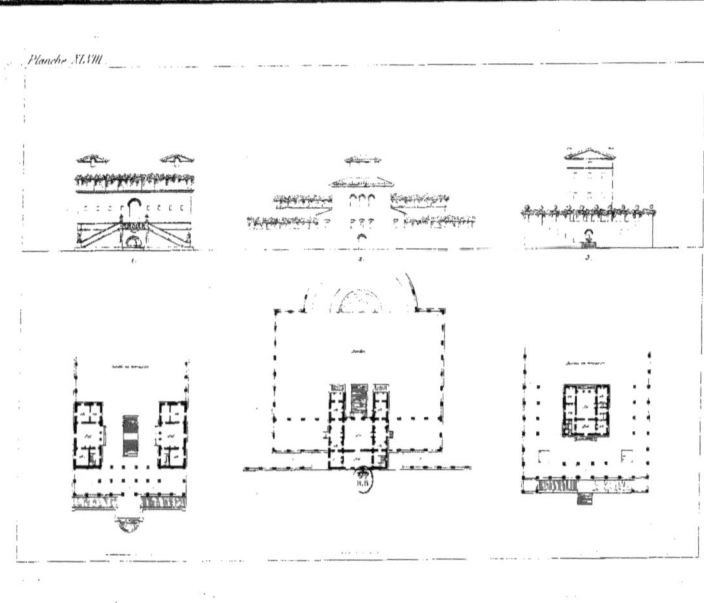

Planche XLIII.

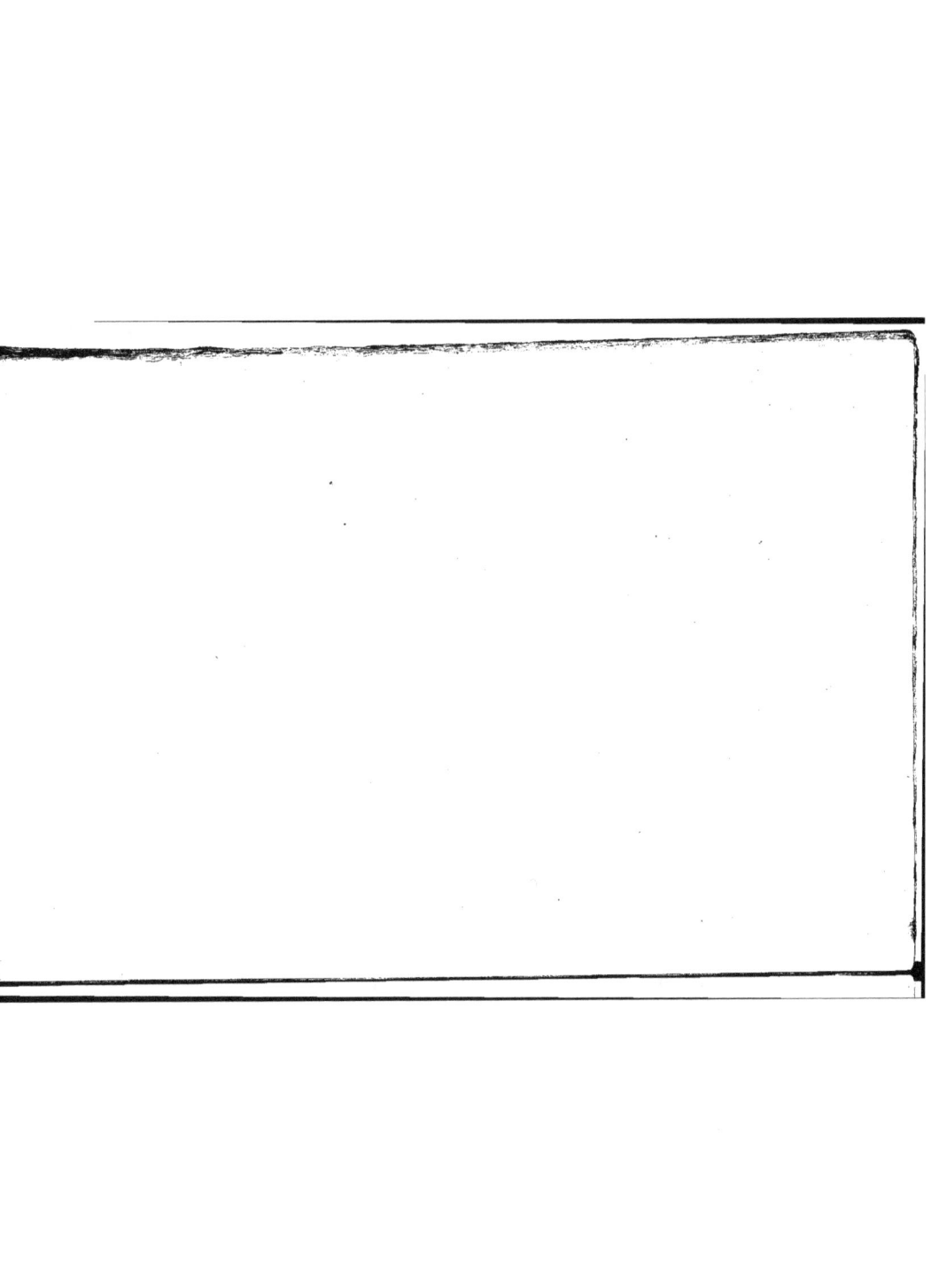

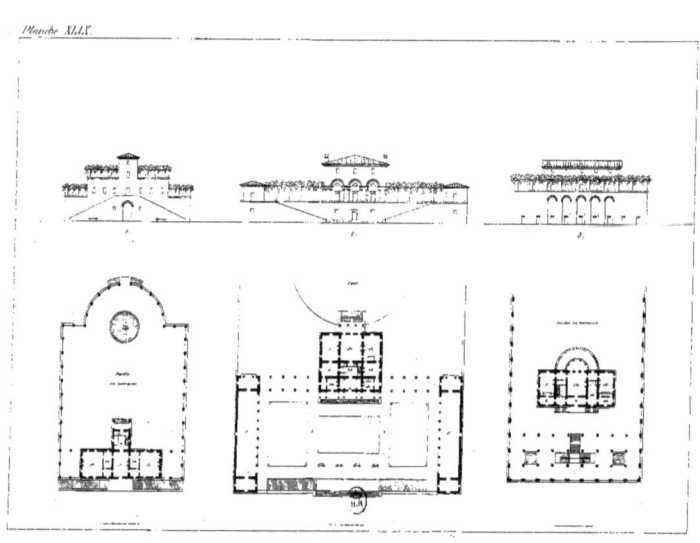

Planche XLIX.

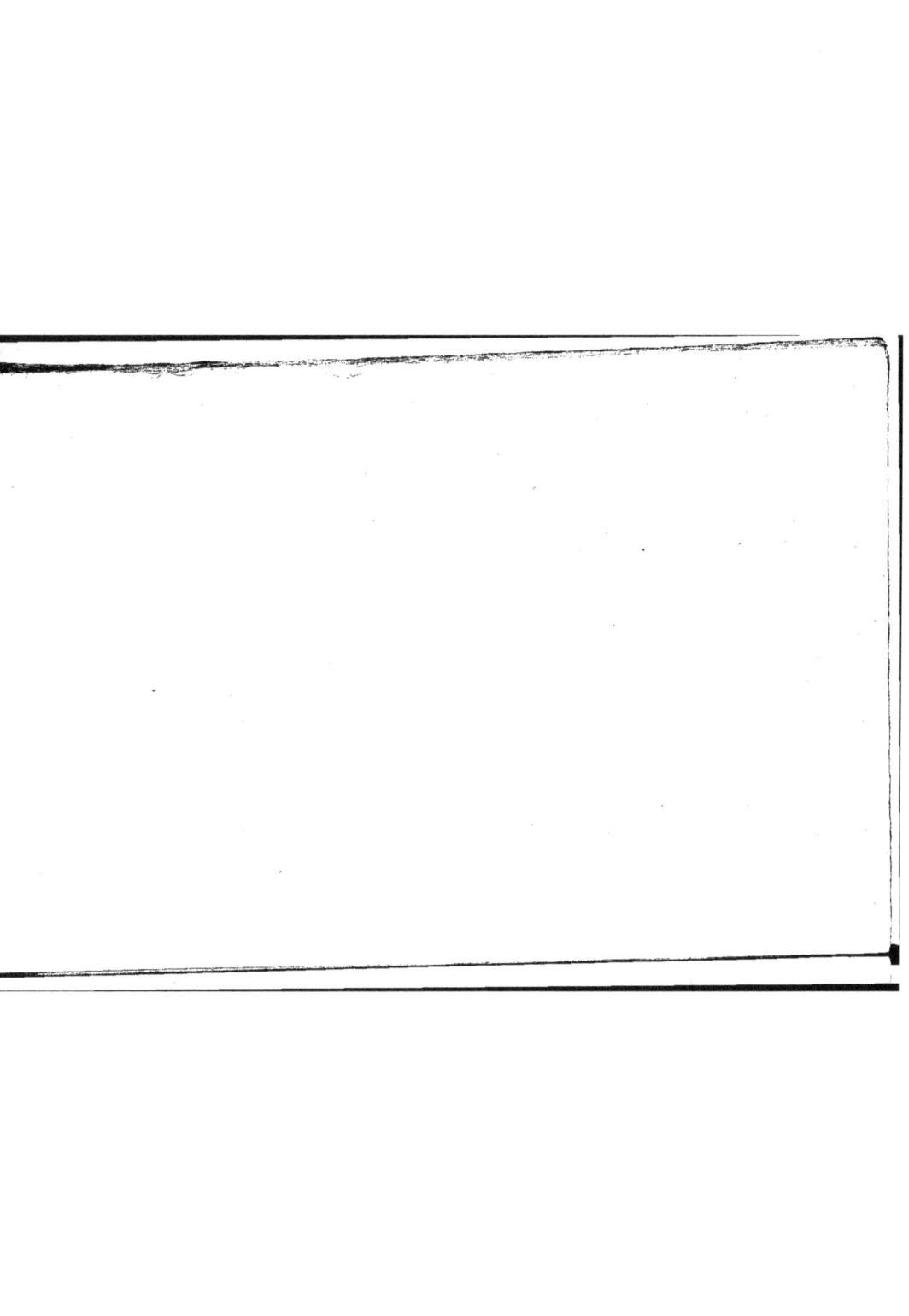

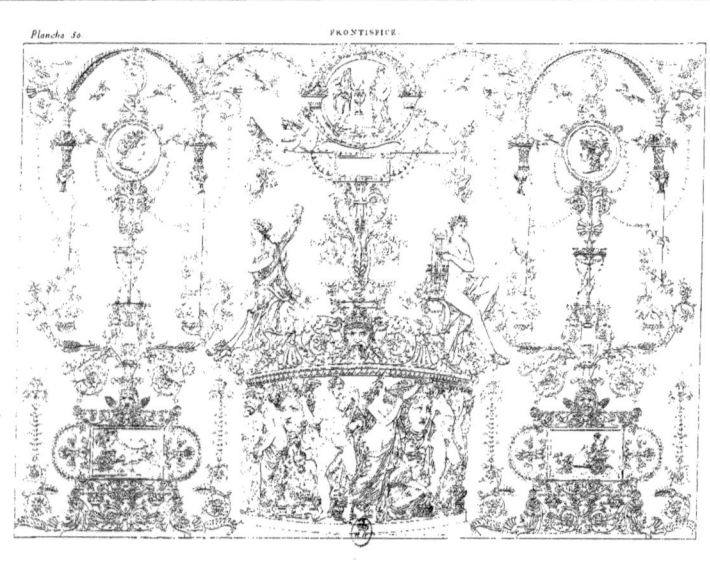

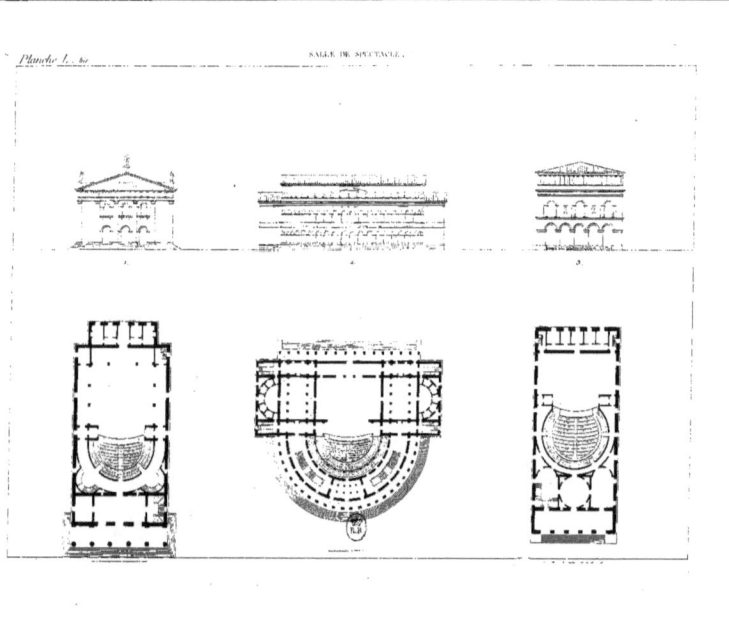

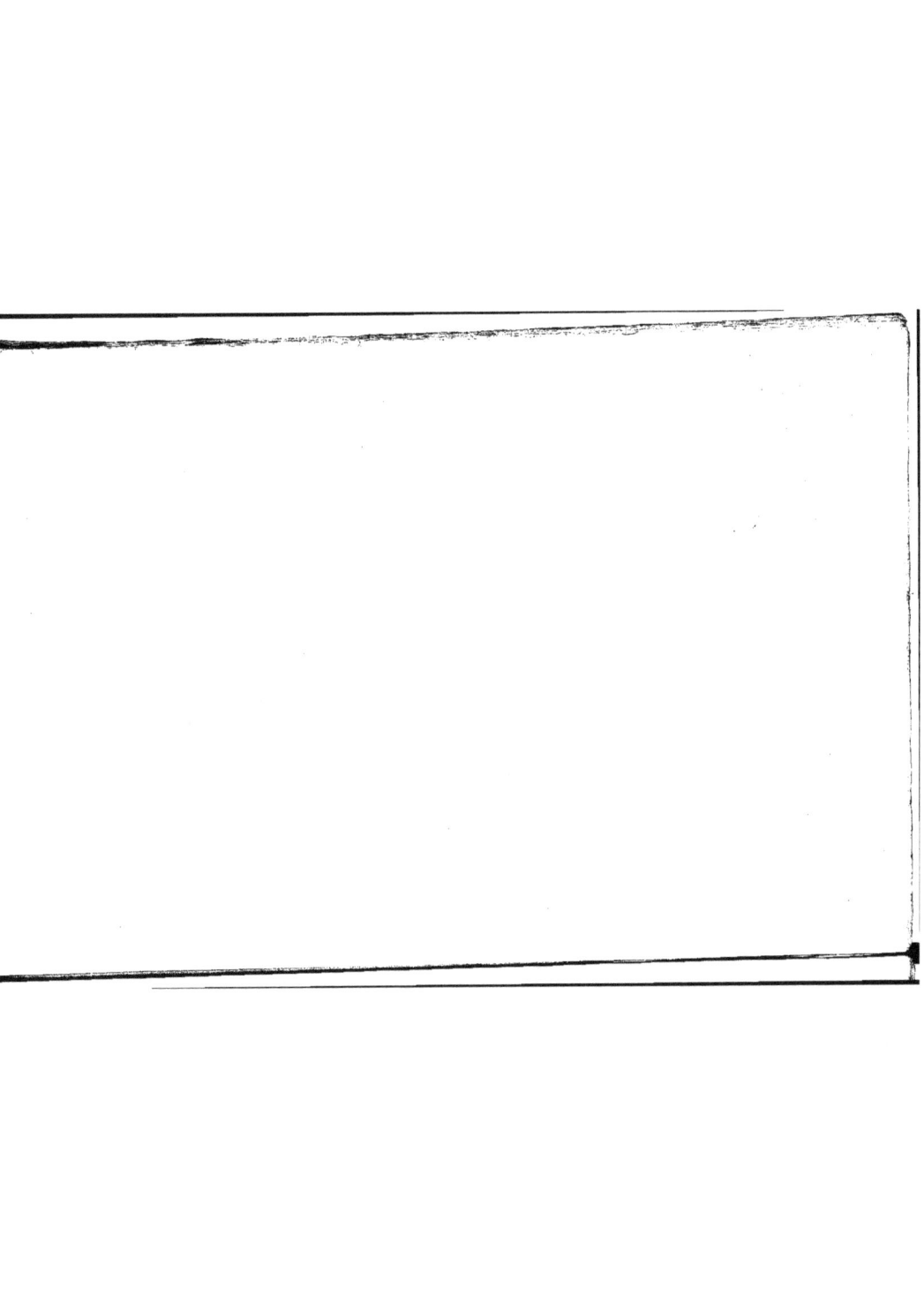

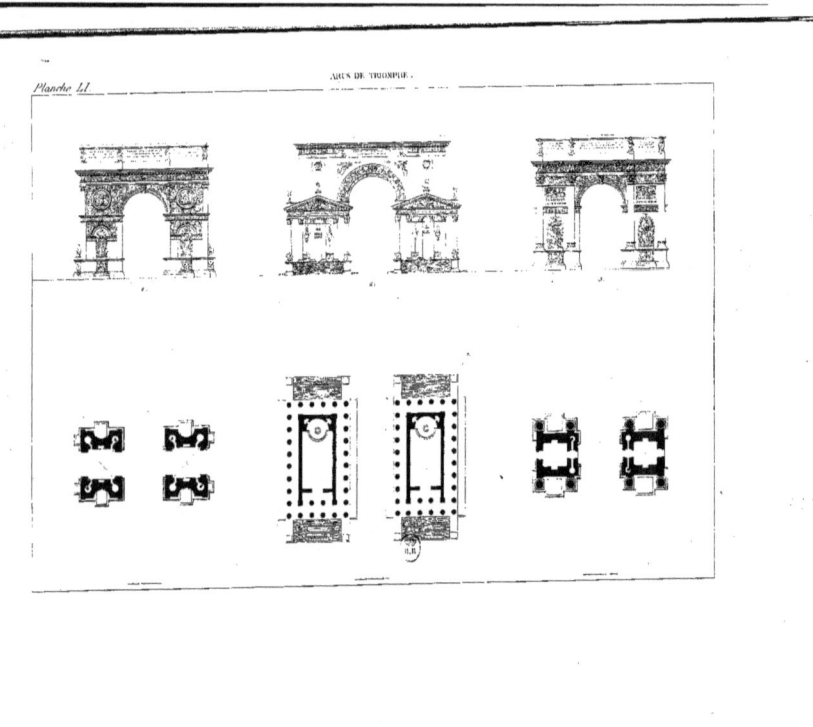

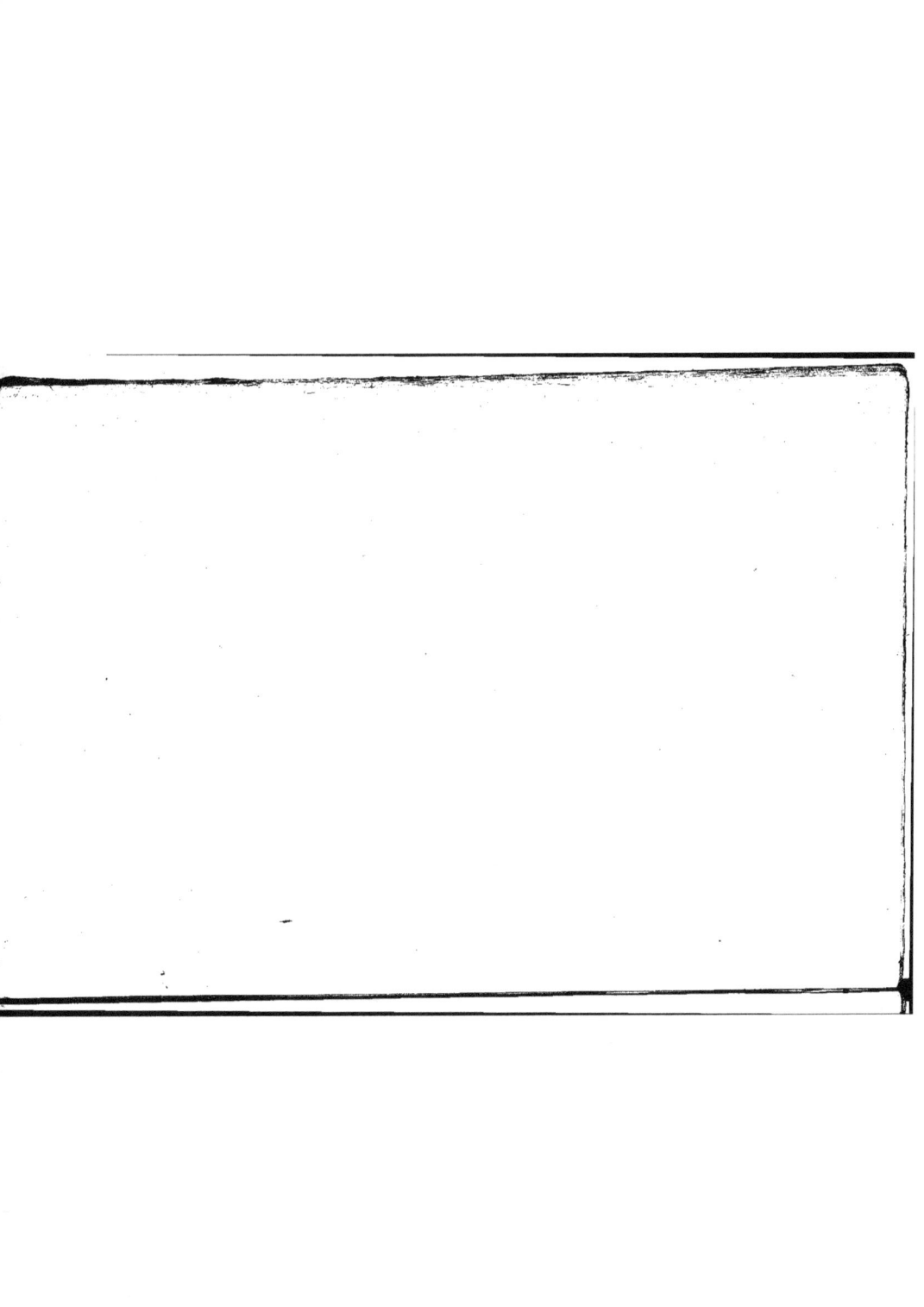

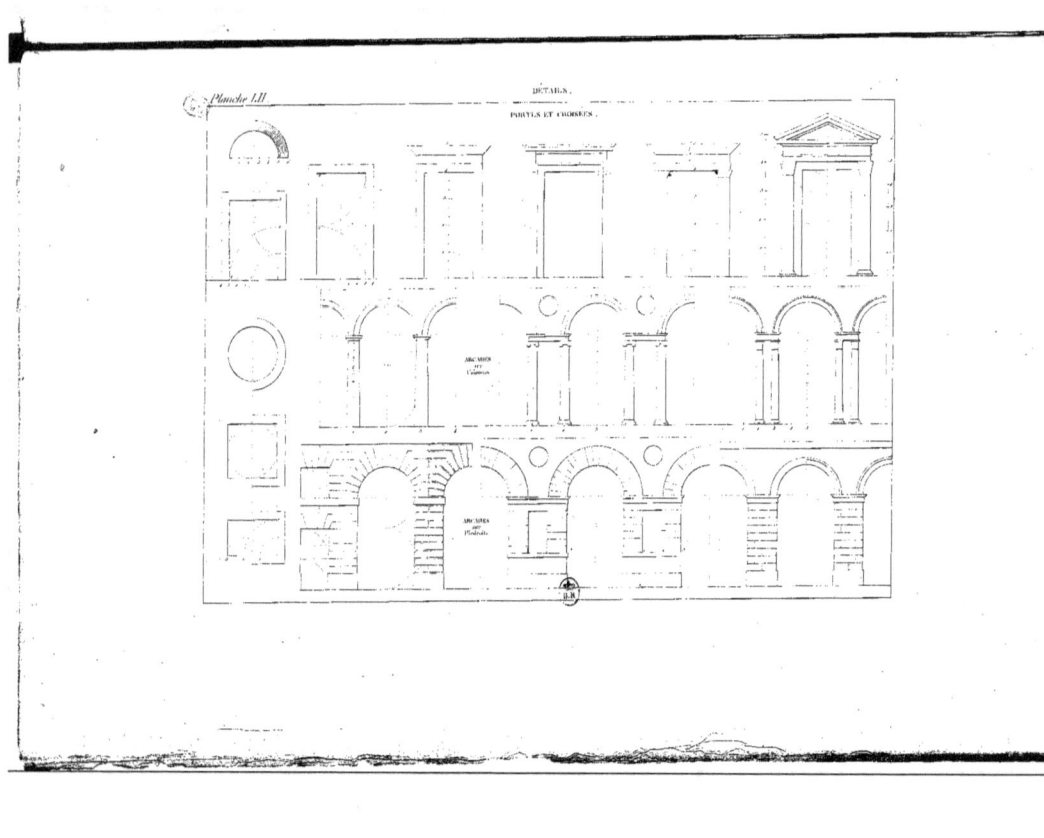

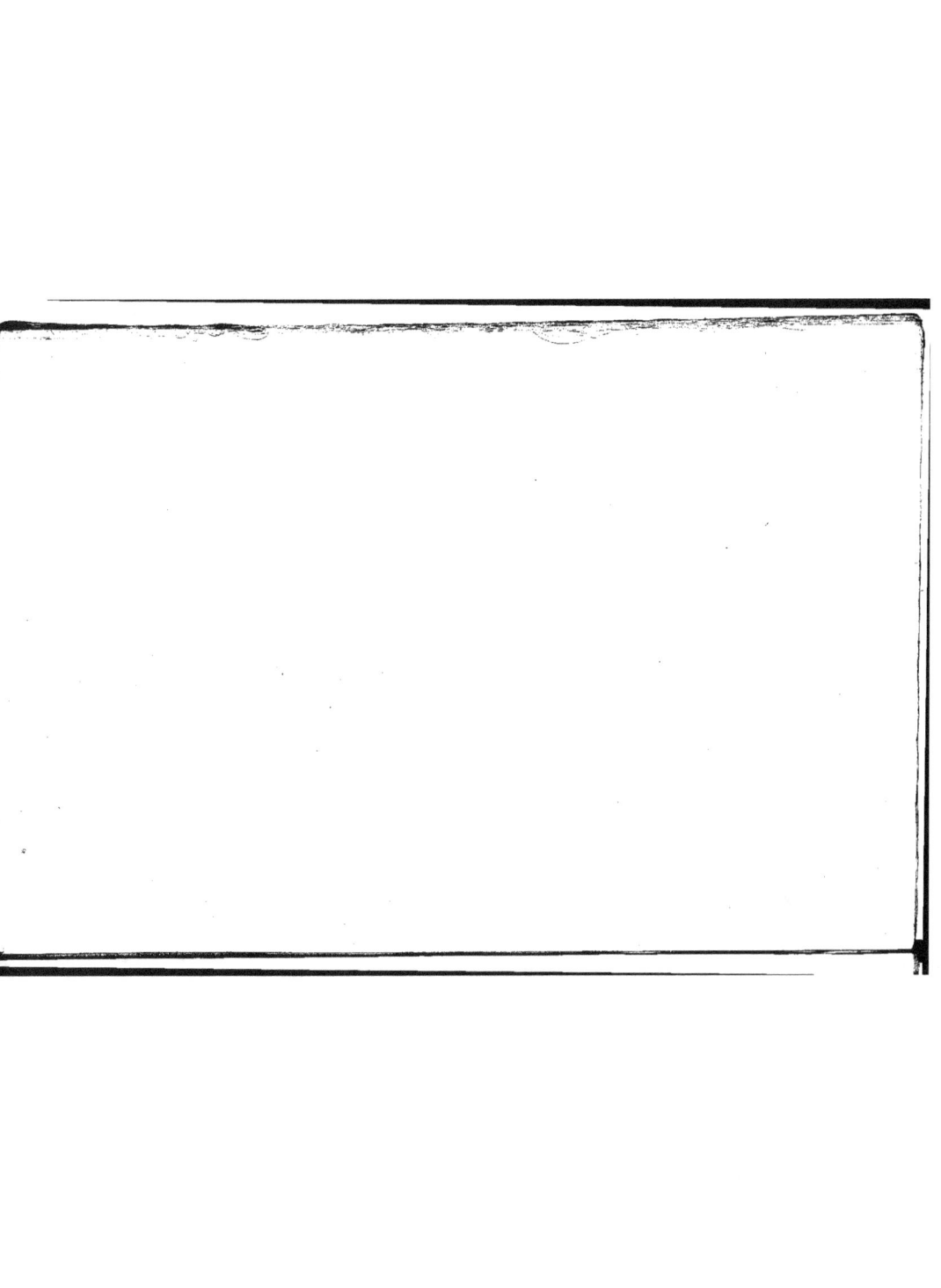

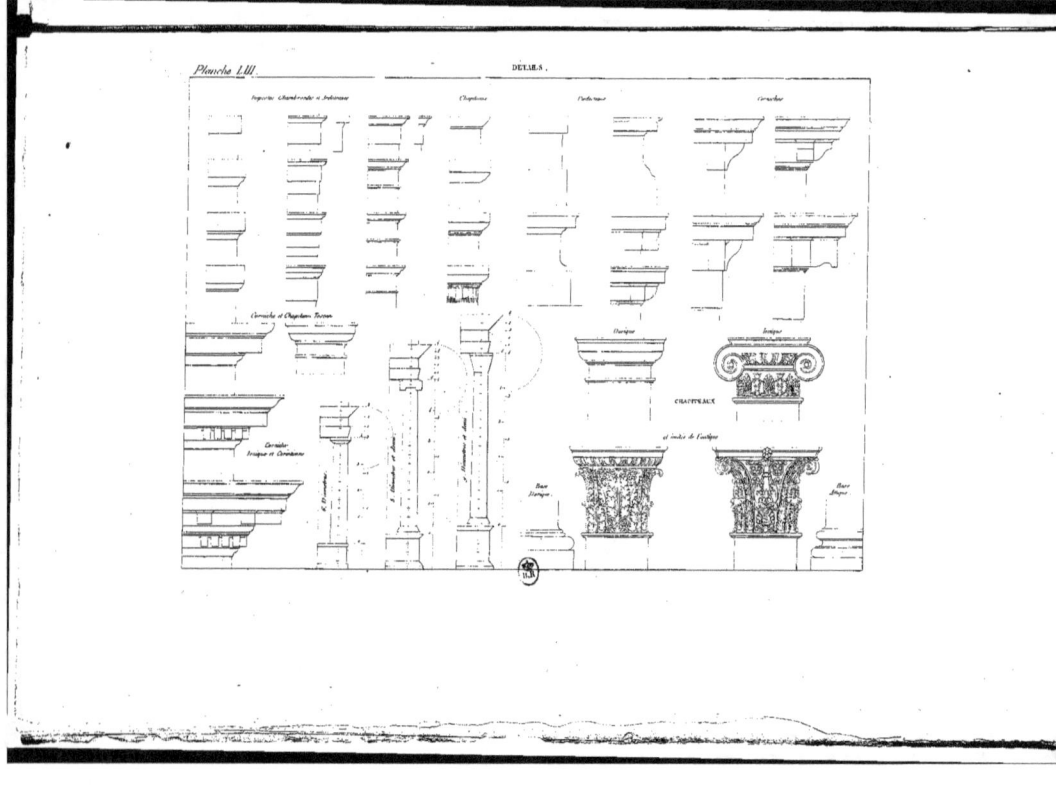

TABLE DES PLANCHES.

PLANCHE PREMIÈRE.

N° 1. Maison faisant l'encoignure d'une rue, Boutiques, Arrière-Boutiques, Boutiques simples avec Entresol, Cour, Écuries et Remises pour les logemens du premier, etc.
2. Maison idem, avec Portiques à Colonnes réunies par un Cintre.
3. Maison idem, les Colonnes accouplées.

PLANCHE II.

N° 1. Maison avec Boutiques, Arrière-Boutiques, Cour avec Portiques, Remises et Écuries, Portier, etc.
2. Petit Hôtel, Cour indéterminée.
3. Hôtel, Cour avec Portiques, Cuisines, Offices, Remises et Écuries.

PLANCHE III.

N° 1. Maison avec Portiques au dehors, pour un Limonadier ou un Traiteur; Billard et Salle de jeu; au premier, Belvédère.
2. Maison particulière, Vestibule, Antichambre, Office, Salle à manger, Salon et Chambres à coucher.
3. Brasserie avec ses fourneaux, Germoirs, etc.

PLANCHE IV.

N° 1. Maison, Vestibule, Salle à manger, Salon et autres pièces.
2. Hôtel garni, entre deux rues; sur l'une, des Boutiques; sur l'autre, la Cuisine, des Salles pour les voyageurs, Cour, Remises, Écuries, Hangars.
3. Café pour un Jardin public.

PLANCHE V.

N° 1. Maison particulière, Vestibule, Salle à manger, Salon, etc.
2. Pavillon ou Rendez-Vous de Chasse, au milieu d'un Parc.
3. Aile d'un Palais pour le Gouverneur; Vestibule, Cuisine, Salle à manger, Salon, Billard, Chambres à coucher, etc.

PLANCHE VI.

N° 1. Maison, Vestibule, Cuisine, Salle à manger, Salon, Terrasse, etc.
2. Maison de Campagne dans un Jardin anglais.
3. Maison avec Terrasse au premier étage, la cage de l'escalier en saillie. (Voyez la façade.)

PLANCHE VII.

N° 1. Maison avec Appartement complet au rez-de-chaussée.
2. Maison grecque.
3. Hospice; Rez-de-Chaussée et premier Étage; Dépendances au rez-de-chaussée, grand Escalier et Salle de malades au premier.

PLANCHE VIII.

N° 1. Chapelle. — 2. Église pour une petite Ville. — 3. Église pour un Village.

PLANCHE IX.

N° 1. Petite maison, Terrasse et Jardin. — 2. Maison avec appartement complet au rez-de-chaussée, Pièces d'agrément au premier.
3. Maison, Jardin, Galeries et Cabinets.

PLANCHE X.

N° 1. Maison de Commerçant, Rez-de-Chaussée et premier Étage: Atelier et Dépôt au rez-de-chaussée, Magasin et Habitation au premier.
2. Maison Commune de petite Ville; au premier Étage, Salle de Conseil, etc.
3. Hospice, Rez-de-Chaussée et premier Étage, Cour, Dépendances au rez-de-chaussée, Salle de malades au premier.

PLANCHE XI.

N° 1. Halle pour une petite Ville. — 2. Salpétrerie: grandes Pièces pour le filtrage, autres Pièces pour la cristallisation.
3. Fragment de Verrerie à vitrer, Fours pour la fonte, autres pour étendre le verre.

PLANCHE XII.

N° 1. Buanderie, Cour, Lavoir au milieu, Logement sur les côtés, Triage du linge sur le devant, Pièce pour le couler et le reposer, au fond de la cour; Étendoir dans une avant-cour.
2. Écuries pour un Marchand de chevaux, Manège et Forges.
3. Pressoirs.

PLANCHE XIII.

N° 1. Maison de Commandant du Place. — 2. Maison de Garde à l'entrée d'un Parc. — 3. Dépôt ou Caserne pour deux cents hommes, Corps-de-Garde, et Salles d'armes au rez-de-chaussée.

PLANCHE XIV.

N° 1. Caserne pour cent hommes de garde; Dépôt d'armes au rez-de-chaussée, Chambres de soldats aux étages supérieurs.
2. Donjon ou Prison d'État; Rez-de-Chaussée et Étages supérieurs; comme aux deux Casernes précédentes; Corps-de-Garde, Cuisines et Dépendances au rez-de-chaussée; Chauffoir, Chambres et Promenoirs des prisonniers aux étages suivans.
3. Maison de Commandant de Place.

PLANCHE XV.

N° 1. Maison de Fermier, vue en dehors; grande Salle, Chambres, Fournil, Serre, etc.
2. Ancien château; Portiques, Cour, Galerie, Salon et autres Pièces.
3. Porte d'ancien Château; Plan du soubassement, Terrasse au dessus.

SUITE DE LA TABLE.

PLANCHE XVI.

N° 1. Halle ou Magasin particulier sur un Port de Mer.
2. Hermitage pour être placé dans un Jardin.
3. Halle au Blé pour une petite Ville, Bureaux, grands Escaliers, Magasin au premier étage.

PLANCHE XVII.

N° 1. Chaumière pour un Jardin, Salle de Bal, Pièces accessoires.
2. Église pour une petite Ville, Fonts, Sacristie, etc.
3. Halle pour une petite Ville.

PLANCHE XVIII.

N° 1. Maison, Vestibule, Escalier, Cuisine, Salle à manger, Salon, etc.
2. Atelier de Menuisier ou de Peintre de décors.
3. Hermitage, Porche, grande Salle, Cellules, Logemens au premier.

PLANCHE XIX.

Plans arrangés pour la combinaison des combles.

N° 1. Ancien Château, Pignons sur la rue, Plan, Vestibule, Salon, Chambres, Cour, Remises et Ecuries.
2. Rendez-vous de Chasse. — 3. Maison et Magasins.

PLANCHE XX.

N° 1. Laiterie, Vestibule, grande Salle, Egouttoir et Serre.
2. Maison rurale, Vestibule, Escalier, Porche et diverses Pièces.
3. Rendez-vous de Chasse, grandes Salles, Pièces de repos, etc.

PLANCHE XXI.

N° 1. Maison de Paysan, séparée par une ruelle d'une autre Maison semblable.
2. Grange — 3. Amidonnerie, Fontaine dans la cour, Pièces au pourtour, propres à la fabrication; les Séchoirs au dessus.

PLANCHE XXII.

N° 1. Maison propre à une Manufacture d'Indienne, ou de Fabricant de Papiers peints.
2. Maison d'Astronome.
3. Hospice militaire, grande Cour, Portiques, Cuisine, Pharmacie, Lingerie, etc., au rez-de-chaussée; Salles de malades au premier.

PLANCHE XXIII.

N° 1. Petit Hôtel, Passage des voitures, Pièces de service au rez-de-chaussée, Entresol, Appartemens au premier Étage.
2. Pavillon, Porche, Vestibule, Escalier, Salon, etc.
3. Maison de Campagne, Vestibule, Porche, Escalier, Salle à manger, Salon, Chambres à coucher, Cabinets, etc.

PLANCHE XXIV.

N° 1. Maison de Campagne, Vestibule, Cuisine, Billard, Salle à manger, Salon, Chambres à coucher, etc.
2. Maison de Campagne, *idem*, ou petit Château.
3. Maison *idem*, Vestibule, Escalier, Cuisine, Salle à manger, Salon, Chambres à coucher, Cabinets et Armoires.

PLANCHE XXV.

N° 1. Pavillon, Accessoire d'un bâtiment plus important.
2. Pavillon ou Rendez-vous de Chasse dans un grand Parc.
3. Pavillon, Accessoire propre au logement d'un intendant.

PLANCHE XXVI.

Plans arrangés pour y pratiquer des Loges à l'étage supérieur.

N° 1. Petite Maison, Porche, Salle à manger, Salon, etc.: premier Étage.
2. Maison au bord d'une route ; Plan du premier Etage; Escalier, Galerie qui dégage à tout l'appartement.
3. Maison, premier Etage, Galeries ouvertes, Salon, Chambres, etc.

PLANCHE XXVII.

N° 1. Pavillon, Accessoires, Vestibule, Antichambre, Salle à manger, Salon, Chambres à coucher, etc.
2. Maison pour deux Amis, Entrée commune, Escalier *idem*.
3. Petite Maison, Plan du premier Etage, Escalier, Galerie communiquant à l'appartement.

PLANCHE XXVIII.

N° 1. Maison, Vestibule, Salle à manger, Salon, Cuisine, Galerie, etc.
2. Maison dont le Vestibule est tout ouvert; Escalier, Salle de Billard, Salle à manger, Salon et autres Pièces.
3. Maison de Campagne, premier Etage, Galeries aux deux Etages ; Terrasse au dessus, et Cabinets.

SUITE DE LA TABLE.

PLANCHE XXIX.

N° 1. Maison rurale, Porche, Vestibule, diverses Pièces.
2. Pavillons et Galerie à l'extrémité d'un Parc en belle vue.
3. Maison, Porche, Salon, Chambres à coucher, Cabinets, etc.

PLANCHE XXX.

N° 1. Maison pour un homme seul, Pièces et Cabinets, Bibliothèque au second Étage.
2. Pavillon, Vestibule, Escalier, Salle à manger, Salon, Remise et Écurie.
3. Pavillon, Vestibule, Salle à manger, Salon, Chambres, etc.

PLANCHE XXXI.

N° 1. Maison d'un homme retiré à la campagne, Vestibule, Escalier, Serre, Salle à manger, Salon, Chambres à coucher, etc.
2. Petit Pavillon dans un Parc; premier Étage.
3. Maison de Campagne, Vestibule, Escalier, Salle à manger, Salon, Cuisine dans l'un des quatre angles.

PLANCHE XXXII.

N° 1. Hôtel ou Château. Plan du 1er Étage : 1°, Antichambre ; 2°, idem. Salle à manger, Salon, Chambres à coucher, Cabinets, Escaliers dérobés, etc.
2. Maison donnant sur une rue, Porte-cochère, Remises, Écurie, Pièces de service.
3. Château, Portique, Vestibule, Salle à manger, Salon, Chambres à coucher, Cabinets, etc.

Plans de Maisons et Pavillons arrangés pour et portiques des Belvéders.

Plans arrangés pour des Édifices et Maisons particulières où l'on voudrait un Porche.

PLANCHE XXXIII.

N° 1. Maison, Vestibule, Galerie, Cuisine, Salle à manger, Salon, etc.
2. Pavillon pour un Astronome.
3. Maison, Murs mitoyens, Cuisine, Salle à manger, autres Pièces, Cour, Remise, Écurie.

PLANCHE XXXIV.

N° 1. Pensionnat ; Cuisine, Réfectoire, Classes, grande Cour, Fontaine, Hangars, Dortoirs, et Logements aux étages supérieurs.
2. Kiosque établi sur un ancien reste de mur.
3. Hôtel ou petit Palais : grande Cour, Fontaines, Cuisine, Office, Dépendances, Appartemens au premier et deuxième.

PLANCHE XXXV.

N° 1. Maison de Campagne, Vestibule, Salle à manger, Billard, Salon, Chambres à coucher, etc., Cuisine au dessous.
2. Kiosque ou Belvéder établi sur un ancien mur.
3. Maison carrée : Pilastre supportant une treille, Vestibule, Salle à manger, Salon, Chambres à coucher, etc.

PLANCHE XXXVI.

N° 1. Presbytère ; Vestibule, Escalier, Cuisine, Salles, Chambres et Cabinets.
2. Bibliothèque pour une petite Ville ; Mappemondes, Manuscrits, Médailles, Salle d'étude, etc.
3. Pavillon pouvant faire partie d'une Maison de plaisance.

PLANCHE XXXVII.

N° 1. Presbytère ; Vestibule, Escalier, Cuisine, Salon, Chambres à coucher, etc.
2. Galerie de tableaux pour une petite Ville, Cabinets de gravures, de dessins et de curiosités.
3. Maison sur une éminence : Portiques, Cour, Escaliers, plusieurs Appartemens sur deux ailes.

PLANCHE XXXVIII.

N° 1. Maison de Campagne, Porche, Entrée, Escalier, Cuisine, Salle à manger, Salon, Chambres et Cabinets ; Remise et Écurie.
2. Église pour une petite Ville.
3. Maison de Campagne, Porche, Vestibule, Escalier, Cuisine, Salon, etc.

PLANCHE XXXIX.

N° 1. Maison de Garde, située à l'extrémité d'un Parc.
2. Jeu de Paume. — 3. Maison de fabricant, Atelier et Serre, ou Dépôt par bas ; Magasin et Logement au dessus.

PLANCHE XL.

N° 1. Pavillon de plaisance dans un Jardin.
2. Halle aux Graines pour une petite Ville.
3. Maison de Campagne pour deux Amis. Salon de réunion commun ; Appartemens dans les deux ailes.

PLANCHE XLI.

N° 1. Maison élevée sur une terrasse au bord d'une route ; Porche, Vestibule, Escalier, Salle à manger, Salon, Chambres, etc., Cuisine au dessous.
2. Salle de vente, Salle d'exposition, Dépôt des objets à vendre ou vendus, Tribunes et Portiques.
3. Petite Maison, Porche, Escalier, Salle à manger, Salons, etc.

PLANCHE XLII.

N° 1. Maison pour un Philosophe : Porches ou Salles ouvertes, Salon éclairé par en haut, diverses Pièces se communiquant les unes aux autres.
2. Bourse ; Portique, grande Salle et Bureaux. Premier Étage sur les Portiques et Bureaux.
3. Maison de Campagne ; Porche, Escaliers, Cour, Appartemens, etc.

3.

SUITE DE LA TABLE.

PLANCHE XLIII.

Suite des Plans arrangés pour des Édifices et Maisons particulières, où l'on voudrait un Porche.

N° 1. Maison de Garde à l'entrée d'un Parc.
2. Autre Maison de Garde à l'entrée d'un Parc pittoresque.
3. Maison de Ville ou de Campagne; Porche et Péristyle, Cour, Escaliers, Entrée à couvert, et Appartement complet.
4. Maison, Porche, Terrasse au dessus, Cour, Bassin et Jet d'eau au milieu, Salon en forme de galerie, etc. Premier Étage dans les deux ailes.

PLANCHE XLIV.

Plans arrangés pour y ménager le jeu des eaux, et en former décoration.

N° 1. Maison de Campagne située au bord d'une route, entre cour et jardin; Escalier dans le vestibule, Antichambre, Salle à manger, Salon, Chambre à coucher et Cuisine au dessous.
2. Maison de Campagne sur une éminence en belle vue: Vestibule, Escalier, Antichambre, Salle à manger, Salon, Chambres à coucher; autres Logemens dans l'étage inférieur.
3. Maison carrée: Salon d'hiver, petits et grands Appartemens, Bassin au devant de la Maison avec fontaine jaillissante entre deux perrons.

PLANCHE XLV.

N° 1. Fabrique; Rez-de-Chaussée et premier Étage: Vestibule, Ateliers et Magasins de choses brutes, à rez-de-chaussée; au premier, Magasin de choses fabriquées et Appartemens.
2. Pavillon, Rez-de-Chaussée et premier Étage, situé en belle vue, à l'extrémité d'un grand Parc; Perrons, Terrasses, Bassins et Jet d'eau.
3. Maison, Rez-de-Chaussée et premier Étage: Grotte, Terrasse, Bassins, Jeu d'eau et Appartement complet, Remises et Écuries.

PLANCHE XLVI.

Plans de Maisons arrangées pour y adopter des vignes dans la décoration des façades.

N° 1. Pavillon, premier Étage avec Terrasses et Vignes.
2. Maison de Campagne, avec doubles Terrasses et Vignes.
3. Maison; premier Étage, entrée sur une cour, Terrasses et Vignes.

PLANCHE XLVII.

N° 1. Pavillon, Vestibule, Escalier, Salle à manger, Salon, etc., Vignes.
2. Maison, premier Étage, situé sur un lieu de passage, Vignes, Caves et Celliers au rez-de-chaussée.
3. Pavillon; premier Étage; même situation.

PLANCHE XLVIII.

Suite des Plans de Maisons arrangées pour y adopter des vignes dans la décoration des façades.

N° 1. Pavillons, Terrasses et Vignes: même situation.
2. Maison; premier Étage, doubles Terrasses et Vignes; même situation.
3. Pavillon, Vestibule, Salle à manger, Salon, Vignes, etc.

PLANCHE XLIX.

N° 1. Maison, Terrasses et Vignes, Jardin: même situation que ci-dessus.
2. Maison de Campagne au bord d'une grande route, Terrasse et Jardin, Serres chaudes, Appartement complet.
3. Maison avec Terrasse et Vignes.

PLANCHE L.

Salles de Spectacle.

N° 1. Salle de Spectacle pour une petite Ville. Péristyle, Vestibule, Corridor, Escaliers, Loges ou Galeries, Parterre, Orchestre, Théâtre et Loges des Acteurs.
2. Salle de Spectacle d'une plus grande dimension, Portiques, Vestibule, Escaliers, Loges, Galeries, Parterre, Orchestre, Théâtre, Foyers et Loges d'Acteurs, Magasin pour les Décorations, etc.
3. Salle de Spectacle pour un Jardin public: Porche, Vestibule, Escaliers, Café, Corridor, Galerie, Parterre, Orchestre, Théâtre, Loges des Acteurs, Foyer public au dessus des Porches.

PLANCHE LI.

Arcs de Triomphe.

N° 1 et 3. Arcs de Triomphe, projetés sur la fondation de celui de l'Étoile, et sur toutes ses dimensions en hauteur, comme Piédestaux, Impostes, Corniches et Attiques.
2. Arc de Triomphe ayant pour base les Temples de la Victoire et de la Paix, projeté en 1800, pour le même emplacement.

PLANCHES LII et LIII.

Détails relatifs et applicables aux Maisons et Édifices faisant partie de cet Ouvrage.